孙秀玲 著

一口气读完

大汉史

（修订版）

 长春出版社

全国百佳图书出版单位

图书在版编目（CIP）数据

一口气读完大汉史 / 孙秀玲著. — 修订版. — 长春：长春出版社，2023.1

ISBN 978-7-5445-6934-7

Ⅰ. ①一… Ⅱ. ①孙… Ⅲ. ①中国历史-汉代-通俗读物 Ⅳ. ①K234.09

中国版本图书馆 CIP 数据核字（2022）第 227141 号

一口气读完大汉史（修订版）

著　　者　孙秀玲
责任编辑　孙振波
封面设计　楠竹文化

出版发行　长春出版社
总 编 室　0431-88563443
市场营销　0431-88561180
网络营销　0431-88587345
地　　址　吉林省长春市长春大街309号
邮　　编　130041
网　　址　www.cccbs.net

制　　版　佳印图文
印　　刷　吉林省科普印刷有限公司

开　　本　880毫米×1230毫米　1/32
字　　数　186千字
印　　张　8.875
版　　次　2023年1月第1版
印　　次　2023年1月第1次印刷
定　　价　39.80元

前　言

汉朝是秦朝统一中国后首个建立完整国家社会秩序的朝代，是中华民族发展史上的一个重要时期，是我国封建社会的奠基时期，也是我国汉民族形成的重要时期。

从公元前 206 年至公元 220 年，汉朝历经 400 余年之久。在总结和吸收秦朝统治经验及教训的基础上，汉朝开创了许多重要制度，为此后历朝历代的建立和发展奠定了制度基础。

汉朝分西汉和东汉，前期汉朝定都长安，又称西汉、前汉；后期定都洛阳，又称东汉、后汉。

公元前 202 年，刘邦正式称帝，国号为"汉"，史称"西汉"。

西汉是一个强盛稳固的朝代。从开国到"文景之治"，经历近 70 年的休养生息，至汉武帝登基，汉朝逐步进入最强盛时期。就在这一时期，"汉族"成为中华民族的自称。此时，经济发展，国力强盛，人民安乐，呈现出一派太平盛世的景象。然而，这种繁荣景象未能维持很久。

从公元前 48 年起，西汉王朝便开始走下坡路。到汉哀帝上台时，汉王朝几乎丧尽了民心。汉哀帝去世之时，只留下一个残破的江山，还被王莽夺去了。

王莽的"新"王朝只存活了 15 年，便在赤眉军、绿林军等农民起义的战火中灭亡了。

公元 25 年，刘氏后人刘秀称帝，国号"汉"，建都洛阳，因洛阳在长安之东，史称"东汉"。

东汉开国后，光武帝全力加强皇权。但是，后代帝王除汉章帝继续强化中央集权外，多昏庸懦弱，以致朝政混乱，政治日渐腐朽。自汉章帝以后，外戚干政已是常态，往往是"你方唱罢我登场"。每次权力交接，都伴随着大规模的杀戮和混乱，严重削弱了东汉王朝的实力。被外戚控制的小皇帝长大后，为了夺回皇权就依靠宦官势力，而宦官参政后就拉开了中国历史上第一次宦官时代。

宦官与外戚的权力斗争绵延不断，而宦官与士大夫之间的斗争更是血腥而惨烈。待士大夫们反击，全诛宦官之时，东汉王朝也走到了尽头。

在东汉中央集权日渐削弱之际，地方豪强势力奋起自保，纷纷起兵割据自立，在军阀混战之中，东汉王朝最终谢幕。

让人欣慰的是，历史的色彩从来都不单调，两汉时期，蔡伦改进造纸术，张衡发明浑天仪、地动仪，张仲景、华佗的医学成就，司马迁著《史记》，班固作《汉书》。这些令世人赞叹的璀璨成就，无形中给这部宏阔的历史画卷增添了几笔靓色。

斗转星移，往事已越千年。

让我们一起撩开岁月的帷幔，让时光倒流至大泽乡起义的那一刻，伴着鼓角争鸣，对两汉 400 余年的历史做一番回溯……

目　录

秋蓬飘秋甸，寒藻泛寒池。

风条振风响，霜叶断霜枝。

——〔南朝〕范云《赠俊公道人诗》

鸿鹄之志撼大秦

秦始皇扫平战国诸侯统一中国后，开始横征暴敛，大兴土木，修万里长城，建阿房宫，造骊山墓，百姓苦不堪言，怨声载道。正如汉人桓宽所言："秦法繁于秋荼，而网密于凝脂。"在大秦政府的高压统治下，表面上的太平世界，实则暗流涌动，险象环生。

秦二世元年（前209）秋，朝廷大举征兵戍守渔阳（今北京密云西南）。阳城（今河南登封东南）地方政府根据戍边任务征发了900余名农民前往屯边，派出两名军官押送，一路风尘、日夜兼程地赶往渔阳。队伍走到蕲县大泽乡（今安徽宿州东南）时，遭遇连天大雨，洪水淹没了道路，队伍被迫滞留下来。按照秦朝的法律，戍边的兵丁，若不能按时到达指定地点，一律要处斩。

大难临头之际，队伍里的屯长陈胜与吴广商量说："此地距离渔阳还有千里之遥。限期前怎么也赶不到了，如今逃亡是死，起来造反也是死，既然都是个死，不如造反大干一场，总比白白送死强。"

陈胜是阳城的贫苦雇农，从小就做长工，在压迫中成长，饱受盘剥之苦，心里"怅恨久之"。有一天，在田边休息时，他突然对长工伙伴们说："苟富贵，无相忘！"长工们都笑他没这个命，问他："你一个耕田的雇工，哪来的富贵啊？"陈胜愤然说："燕雀安知鸿鹄之志！"

人们的嘲笑声，无法阻挡拥有鸿鹄之志的陈胜去实现梦想。

有志向的陈胜，精明能干，做事主动，在出发前就被押送的军官任命为戍卒屯长。上路后，陈胜结识了另一位戍卒屯长——阳夏（今河南太康）农民吴广，两人惺惺相惜，结为好友。

吴广被陈胜起义的决心征服，于是决定鼓动大家一起造反。两人利用民众迷信的心理，用朱砂在一块白绸条上面写下"陈胜王"三个大字，塞进鱼肚子里。而后，设计诱使戍卒伙夫把鱼买回来，伙夫做菜时剖开鱼腹看到丹书大惊，戍卒们知道后也议论纷纷。到了半夜，吴广又趁热打铁，偷偷跑到营地外的一座破庙里，点起篝火，学狐狸叫声喊道："大楚兴，陈胜王。"戍卒们在睡梦中被惊醒，听着叫声惶恐不安，开始对陈胜心生敬畏。

天亮后，吴广故意跑去激怒押解的军官，说："反正误了期，还是让大家解散回家吧。"军官大怒，拿起军棍责打吴广，还拔出宝剑来威吓他。吴广顺势夺过剑，刺死军官，引起一阵混乱。陈胜乘机冲过去，杀了另一个军官。随后，陈胜、吴广将不知所措的戍卒们召集在一起。拥有"富贵梦"的陈胜站在众人面前神情激昂地动员说："大家都因这雨误了期，误期当斩。即使侥幸不被斩，十之六七也会死在边关。大丈夫不能白白去送死，死也要死出个名堂。王侯将相，宁有种乎！"

身陷绝地的戍卒们，内心的希望之火瞬间被陈胜的"鸿鹄之志"点燃，大家突然意识到，没有谁生下来就是王侯将相，布衣也可拼出富贵人生来。于是，齐齐响应道："我们愿意听从您的号令！"

就这样，戍卒们揭竿而起，设坛盟誓，以被杀军官之头祭天。陈胜自称将军，吴广为都尉，打出"大楚"旗号，蜂拥攻占大泽乡，拉开了我国历史上第一次农民起义的大幕。

起义军从大泽乡出发，很快攻占了蕲县，不到一个月又连克铚县（今安徽宿州西）、酂县（今河南永城西）、苦县（今河南鹿邑）、谯县（今安徽亳州）等地，进而北至陈县（今河南周口淮阳区）。陈县在周朝和春秋时期，曾是陈国的都城，战国后期又曾是楚国的国都。秦灭六国后，把陈县定为郡治，地位相当重要，起义军拿下陈县，对秦政权是重大打击。

这时，饱受秦王暴政之苦的百姓闻风而动，纷纷"斩木为兵，揭竿为旗"，杀官吏响应起义。起义军队伍迅速发展壮大。很快就拥有战车六七百辆、骑兵千余人、步兵数万人。

占领陈县后，陈胜召集当地的父老乡绅议事。大家都说："将军身被坚执锐，伐无道，诛暴秦，复立楚国之社稷，功宜为王。"陈胜也不客气，随即自称"楚王"，国号"张楚"，即"张大楚国"之意，这也是中国历史上第一个农民政权。

政权建立后，陈胜立即确定了"主力西征，偏师略地"的推翻秦王朝的总体战略，任命吴广为假王（副王），率领起义军主力西击荥阳，取道函谷关，直捣秦都咸阳，迂回进攻关中；封昔日好友武臣为将军，邵骚为护军，张耳、陈馀为左右校尉，拨给步兵3000人，分别北渡黄河，进攻原赵国地区（位于今山西北部、河北西南部），向南攻取九江郡，深入淮南地区，进攻广陵（今江苏扬州北）、魏国旧地（位于今河南东北部接连山西西南部），攻取长江下游、黄河以南大梁（今河南开封）等地。

荥阳是秦朝在东方的战略要地，附近有贮粮基地敖仓。起义军来势汹汹，秦政权也未坐以待毙，任命李斯之子李由为三川守，死守敖仓。吴广率主力军久攻荥阳不下，进退两难，战事进入僵持状态。

秦二世二年（前208）冬，陈胜另以周文为将军，蔡赐为上柱国，取道函谷关，进攻关中。由于反秦的烈火燃遍了大江南北，起义军所到之处都有追随者。周文一路收兵，行至函谷关，战车已有千乘，兵数十万人。函谷关地处崤山之口，地势险要，易守难攻。周文的队伍竟然一举越过了函谷关，进至咸阳附近的戏县（今陕西临潼东），秦都城告急。

陈胜起义初期，秦朝官吏从东方回到咸阳，禀告秦二世。骄奢淫逸的秦二世大怒，把报忧者打入监狱。官吏们见状就开始谎报说："群盗已被捕杀，不足忧。"当周文的起义军逼近咸阳时，秦二世才开始面对现实，不再自欺，急忙召集群臣商议对策。

少府章邯认为，调兵已来不及，建议赦免骊山地区的犯人，组编成新军。秦二世立即下令大赦，很快组成了一支几十万人的队伍，由章邯率领，向起义军大举反扑。此时，周文率领的这支起义军虽然一路披荆斩棘，却因孤军深入，缺乏后援，被迫退出关中，屯兵曹阳（今河南灵宝东）。此后，周文苦撑几十天，援兵仍不至，又败退渑池。章邯率秦军追杀起义军，周文战败自杀，全军覆没，形势逆转。

章邯继续东进，配合李由的秦军，前后夹击围攻荥阳的吴广起义军。在这关键时刻，起义军副将田臧与吴广意见不合，田臧认为吴广"假王骄，不知兵权，不可与计"，就假借陈胜之命杀了吴广。陈胜知道后，没有惩处田臧，反而赐他"尹印"，封其为"上将"，让田臧掌控指挥权。田臧令李归继续围攻荥阳，自己率精兵迎击章邯，最终败死于敖仓。章邯乘胜进击荥阳，杀李归，消灭了起义军的主力。

这时，陈胜派往各地的将领们似乎都实现了将相梦，在小有收获之后纷纷称王、割地自保，起义军内部开始公开分裂。其中，武臣率兵3000进攻赵地，接连收降数十城。占领邯郸后，张耳、陈馀策动武臣拥兵自立。武臣自立为"赵王"，加封陈馀为大将军，张耳为右丞相，邵骚为左丞相。为了扩大地盘，武臣派遣韩广进攻燕地，李良进攻常山，张黡进攻上党。韩广占领燕地后，又被燕人拥立为"燕王"；陈胜的另一位将领周市，在领兵北上攻占魏地后，转攻齐地，兵至狄县。齐国贵族田儋杀了狄县县令，

"自立为齐王"，发兵阻击周市。周市败退，田儋占据了齐地。周市退回魏地，拥立魏国后裔宁陵君魏咎为"魏王"，自任魏相，割据魏地。同样，各地英豪也不再听从陈胜的指挥。由此，孤立无援的陈胜政权，给了秦军反扑的机会。

秦二世二年冬，章邯进兵陈县，与陈胜战于陈西。陈胜兵败，退至下城父（今安徽涡阳东南）。未曾想，在逃跑的路上，陈胜被他的车夫庄贾杀害，庄贾带着陈胜的首级向秦军投降。

至此，中国历史上第一次大规模的农民起义以失败告终。

陈胜掀起的反秦浪潮，令郁结已久的民怨犹如火山爆发之岩浆喷涌而出、势不可挡，推助着更多的"布衣"去实现他们的"将相"梦。

孤光独徘徊，空烟视升灭。

途随前峰远，意逐后云结。

华志分驰年，韶颜惨惊节。

推琴三起叹，声为君断绝。

——〔南朝〕鲍照《发后渚》

项梁举事

陈胜、吴广起义如同星火燎原，此后，反秦战火在全国迅速蔓延。各地以"张楚"政权的名义，"数千人为聚者，不可胜数"。从前被秦国征服的战国贵族残余势力也乘势而起。其中，以项梁、项羽最为著名，实力最强。

项梁（？—前208）是下相（今江苏宿迁）人，项氏祖先多为楚国将领，封于项地，故姓项。项梁的父亲项燕，是楚国名将，在秦国消灭楚国的战争中兵败自杀。项羽（前232—前202）是项梁的侄儿，本名项籍，字羽。楚亡后，项氏一族惨遭屠杀，项梁带着侄儿项庄、项羽流亡到吴中（今江苏苏州）。项梁是文武全才，很快在吴中树立了极高的威信，乡邻大事都由他出面主持，门下出了很多当地的人才。项羽小时候，读书不成，学剑也不成，项梁很苦恼。项羽却辩解说："读书只要会写姓名就足够了。学剑只能抵挡一人，不值得学，我要学敌万人的本事。"于是项梁便教授他兵法，项羽大喜，可是略知一二，又不肯再学。

项羽尽管看似学无所成，但志向远大，且生得人高马大，力能扛鼎。秦始皇三十七年（前210），秦始皇出巡会稽（今浙江绍兴），渡钱塘江时，项羽见其车马仪仗威风凛凛，既艳羡又不服气，脱口说道："我可以取代他。"项梁大惊，急忙掩其口说："毋妄言，灭族矣！"

秦二世元年（前209）九月，大泽乡起义的狂潮涌来，会稽郡守殷通招来项梁，私下说："江西皆反，这是老天要秦朝灭亡。听说先即制人，后则为人所制。我也想起兵造反，请你为将，如何？"项梁盘算着，与其给殷通卖命，不如自己起兵。于是，让项羽杀了殷通，夺其印绶，自立为会稽郡守。郡府为之大乱，项羽又独自斩杀殷通的卫兵近百人，迫使众人归服，控制了局面。随后，项梁任命项羽为裨将，其他弟子为校尉、军侯、司马，在吴中及下相县招兵买马，拉起一支8000人的队伍，誓师起兵反秦。

不久，陈胜麾下的起义军将领召平败退到会稽，谎称受陈胜之命，加封项梁为"楚上柱国"（原楚国官制，为军队的最高将领），令其赶紧引兵西上，迎击秦军。项梁信以为真，率领8000子弟兵渡江西上。这时，东阳的一伙少年人也造反了，杀死县令，推举故令史陈婴为首领，聚众至两万人。少年们想立陈婴为王，陈母反对说："从我嫁到你们陈家，从来没听说你祖辈出过贵人。如今突然富贵，不祥。不如扶保他人，造反成了可以封侯，失败了也容易溜走，不会被朝廷指名通缉。"陈婴就对众人说："项氏是楚国的世代名将。如今起兵造反，一定要追随项将军才能成功。"众人同意，东阳义军就归属了项梁。项梁带兵渡过淮河，英布、蒲将军也起兵归附，起义军规模很快就增至六七万人，驻军下邳（今江苏睢宁北）。

而后，项梁出兵攻打陈胜的叛将秦嘉。秦嘉原是东海郡的一个小吏，前一年投奔了陈胜的张楚国，奉命率一部军马南下巡地，陈胜指派武平君为将军，前往监护诸军。秦嘉不受命，杀了武平君，私自找了一个楚国世族后裔景驹并立为楚王，自封为大司马，执掌实权，统率 6 万余人马，驻屯于泗水重镇彭城东边三十余里的河谷地带。

秦二世二年（前208）四月，项梁击败秦嘉军，追至胡陵杀秦嘉，收编其军队。这时秦将章邯已经兵进至栗，项梁遣朱鸡石、余樊君迎战，余樊君战死，朱鸡石败退胡陵。项梁斩杀朱鸡石，引兵至薛（今山东滕州南）。

六月，项梁得知陈胜被害的消息后，在薛召集各路起义军将领议事。当时，刘邦也在沛县起义，闻讯率百余兵骑赴会。时年70岁的居鄛名士范增也来参加了会议，劝说项梁拥立楚王后裔，以从民意。项梁采纳他的建议，找到了替人放羊的楚怀王的孙子熊心，立其为王，仍称"楚怀王"，建都盱台。项梁自号武信君，项梁政权就此诞生。项梁也成为陈胜之后，第二位统领全局的反秦领袖。

七月，章邯率秦军进攻临济，当地义军首领齐王田儋战死，其堂弟田荣收余兵，败走东阿（今山东阳谷东北），章邯军紧追不舍。项梁派遣项羽、刘邦带兵去解救，在濮阳东击败秦军，攻占城阳（今山东菏泽东北）。然后，转攻定陶（今山东菏泽定陶区），在这里，楚军久攻不下。

八月，楚军再西攻雍丘（今河南杞县），大败秦军，杀三川守将李由。项梁率军至定陶，击败了章邯军。虽然这一战秦军失败，但是战事并未结束，而项梁却心生了傲骄，开始轻视秦军。

九月，章邯突然向项梁发起反攻，在定陶大败楚军，项梁战死。项羽、刘邦听闻项梁死讯后，与吕臣军从陈留（今河南开封祥符区东南）向东撤退。吕臣军驻彭城（今江苏徐州）东，项羽军驻彭城西，刘邦军驻砀。在稍作调整后，又一波反秦浪潮被掀起。

鸿鹄高飞，一举千里。

羽翮已就，横绝四海。

横绝四海，当可奈何？

虽有矰缴，尚安所施？

——〔汉〕刘邦《鸿鹄歌》

刘邦势起

反秦浪潮搅得天下大乱，各路势力纷纷割地自保，既反朝廷
又彼此混战。就类别而言，如果说项梁、项羽的吴中起义是战国
时代旧贵族的重整旗鼓，那么，以刘邦为首的沛县起义则是一支
由地方豪强领导的反秦劲旅。

刘邦（前256—前195）本名刘季，出生在秦朝泗水郡沛县丰
邑中阳里（今江苏丰县）的一个普通农民家庭。刘邦的祖父是被
魏国俘虏而沦为奴隶的一名秦兵，后来逃亡到齐国，因为脸上留
有俘虏的刺青，所以一辈子都躲在当时很荒凉偏远的丰邑一带生
活。刘邦的父亲叫刘煓，生有四个儿子，刘伯、刘仲（又名刘
喜）、刘季（称帝后改名刘邦）、刘交。刘邦排行第三，因此叫
刘季。

刘邦从小不喜欢读书，游手好闲，常被父亲训斥为"无赖"，

司马迁在《史记》中也说他"不事家人生产作业"。但是，刘邦性格豪爽，为人豁达大度，能说会道，是一个社交高手。通过朋友的介绍，他巴结上当地举足轻重的大人物萧何。萧何是沛县的主吏掾，相当于现在的县长助理或者县政府秘书长。借助萧何的推荐，刘邦当上了泗水亭长，相当于现在的村镇派出所所长，主管本村的治安和兵役、徭役等。

凭借这个小官职，刘邦又在县衙里和社会上结交了更多的朋友，在当地编织了一张颇有势力的关系网，其中的主要人物萧何、夏侯婴、任敖、曹参、周勃、樊哙等，后来成了刘邦打天下的重要班底。

年轻的刘邦贪酒好色，常到王家、武家老妇人的酒铺赊酒喝，年终也不还账。两个老妇人也不跟他计较，往往主动销了账目，免他的酒债。据说，是因为她们看见刘邦的头顶"常有龙形"，不似凡人。《史记·高祖本纪》记述刘邦的长相，"高祖为人，隆准而龙颜，美须髯，左股有七十二黑子"。意思是说，这位农民的儿子生就一副"龙颜"。因为这副奇特的长相，刘邦还搭上了一门有钱有势的亲戚，捡了一个媳妇。

这门亲戚就是单父（今山东单县）人吕公。吕公是沛县县令的故交，为了躲避仇家，搬到沛县居住。得知县令的朋友来了，沛县当地有头有脸的人物都来拜访送礼，拉关系套近乎。萧何主持乔迁酒宴，负责代收礼钱，宣布"进不满千钱，坐之堂下"。刘邦也来捧场巴结，口袋里没钱又不愿坐到堂下，便随口谎称"贺钱万"。吕公听说有人出手如此大方，赶忙亲自出来迎接。萧何知其为人，提醒吕公说："刘季固多大言，少成事。"不料，吕公会相面，看见刘邦器宇轩昂，气度不凡，非常喜欢，不仅请他上坐，筵席后还把女儿吕雉（前241—前180）许配给38岁的刘邦。吕雉时年23岁，嫁给刘邦后，两人的生活非常艰辛，曾经衣食无忧的吕雉不但要洗衣烧饭、织布耕田，还要承担照顾公婆和养育儿女的责任。

数年后，刘邦出公差，押送沛县的一批民夫去骊山修筑秦始皇陵。百余名民夫都是被强征来的，被绳子拴着押往远方。但是，谁都不愿意背井离乡去做苦工，总是寻找机会逃跑。刘邦生性粗犷，对民夫管束不严，还没走出县境，已经跑了不少。按照秦朝的法律，少一个民夫，押送官就要被斩首。刘邦估计自己走不到骊山，民夫就跑光了。既然横竖都是个死，索性把押送的民夫都放了，自己也逃生去了。民夫中有十多个壮士愿意跟随刘邦同生共死，闯荡天下，于是，刘邦就带着他们逃进人迹罕至的芒砀山（今河南永城东北），落草为寇，当起了山大王。

秦二世元年（前209）七月，陈胜、吴广农民起义后，各地出现杀死县令起兵反秦浪潮。九月，沛县的县令为了自保，也为了继续掌握沛县的政权，主动响应起义。县令手下的主要官吏萧何、曹参建议召集本县流亡在外的人回来，一来可以增加力量，二来也可以防止这些流亡者造反。县令觉得有理，便让樊哙把刘邦找回来。刘邦带着百余名流寇赶回沛县。可是，兵临城下时，县令又害怕引狼入室，局面失控，急令关闭城门，还准备捉拿萧何、曹参。萧何和曹参闻讯逃到了城外，见势，刘邦被迫主动出击，将策反信射进城中，鼓动城中的百姓起来杀掉县令，推翻秦朝统治。百姓本来就对县令不满，加之吕公等刘邦亲朋的鼓动，于是杀了县令，开城迎接刘邦等人。

萧何、曹参等人都是精明之人，担心万一起义失败，遭到灭族大祸，所以不愿出头。于是，众人推举刘邦为沛公，领导大家起事。刘邦也就顺从民意，收罗沛县子弟 3000 人，设祭坛，自称"赤帝的儿子"①，举起了反秦大旗。这一年，刘邦 48 岁。

起义不久，刘邦攻占泗川（今属江苏沛县），留属下雍齿把守丰邑。公元前 208 年，燕、赵、齐、魏皆自立为王。十二月，雍齿叛归魏。刘邦又带兵攻打叛将雍齿，久攻不下，转而率众投靠秦嘉。

此时，秦将章邯已经率秦军主力兵至砀东，秦嘉率刘邦等与秦军战于萧西，失利。次年二月，秦嘉攻占了砀地，得兵 6000，进而又攻占下邑。四月，项梁攻杀秦嘉，驻薛地。刘邦率百余骑前去投奔，项梁拨给刘邦 5000 兵马、10 员虎将。刘邦回军攻打丰

---

① 传说刘邦带着随从在逃亡途中，遇到一条大白蛇拦了道，刘邦挥剑一剁为二。后来，有人经过斩蛇的地方时瞧见一个老妇人在哭诉："我的儿子是白帝的儿子，变成一条蛇，拦住道儿，给赤帝的儿子杀了。"那人想再问她，她却忽然不见了。

邑，雍齿败走魏地。七月，章邯围攻东阿的田荣，刘邦跟随项梁救援田荣，大破章邯军。八月，刘邦与项羽西进雍丘，大败秦军，杀死三川守将李由。

项梁死后，吕臣军驻彭城东，项羽军驻彭城西，刘邦军驻砀。当月，楚怀王任命刘邦为砀郡长，封武安侯。

这时，秦军主将章邯也开始轻敌，以为"楚地兵不足忧，乃渡河击赵"。秦二世三年（前207），楚怀王召开军事会议，做出了新的战略部署：一方面以宋义为上将军、项羽为次将、范增为末将率主力军5万人北上救援赵；同时，派遣刘邦率军进攻关中地区秦朝首都，并与诸将约定："先入定关中者王之。"反秦战争进入一个新的阶段。

刘邦从砀出发挥师北上，一路收罗陈胜、项梁的散兵，连破成阳、杠里的秦军，又在东郡（今河南濮阳西南）打了几场胜仗，队伍迅速增加到2万多人。而后，围攻昌邑（今山东巨野南），始终未能取胜，又转道西进，路过高阳（今河南杞县西南）时，收了一位重要谋臣郦食其。

郦食其是高阳的一个监门吏，一个60多岁的老儒生，家贫落魄，嗜酒如命，却博古通今，有谋略。郦食其献策，建议刘邦首先攻取陈留。陈留是秦朝的囤粮之地，城中积粮众多。刘邦采纳其言。郦食其与陈留县令有交情，自告奋勇去劝降。虽劝降不成，却骗开了城门，毫无防备的陈留守军，被刘邦毫不费力地打败，刘邦缴获大批粮草。随后西攻白马（今河南滑县东）、曲遇（今河南中牟县东），大破秦将杨熊。杨熊率残部败走荥阳，被秦二世派来的使臣斩杀。

秦二世三年（前207）四月，刘邦进兵颍川郡府阳翟（今河南禹州），阳翟城高粮足，刘邦久攻不下。于是，刘邦采纳张良（？—前189）的火攻之计，破城而入。接着，刘邦又采纳张良的妙计，威逼利诱，招降了南阳郡守，轻取郡府宛城。随后，起义军经丹水，过胡阳（今河南唐河西南）、郦（今河南内乡县西北）、析（今河南西峡），沿途城镇无不闻风而降，大军直扑武关（今陕西丹凤东南），剑指秦朝都城咸阳。

此时的咸阳城内，宦官赵高（？—前207）已经杀了丞相李斯（？—前208），朝纲独揽，屡次哄骗秦二世，说"天下太平，盗贼不足为虑"。但是，当项羽在河北消灭秦军主力，主将章邯归降项羽时，赵高知道瞒不过去了，便与女婿咸阳令阎乐、弟弟郎中令赵成合谋杀掉秦二世，改立秦始皇之孙子婴为秦王；又派人与刘邦联系，表示愿意消灭秦朝宗室分王关中，刘邦不接受。不久，子婴设计杀掉赵高，遣将把守峣关。

刘邦则派遣郦食其、陆贾去游说秦国守将投降。秦将欲降未降之际，刘邦乘其军备懈怠，绕过峣关，越过黄山，大破秦军于蓝田，乘胜进军霸上，兵临咸阳城下。汉高祖元年（前206）十月，只做了46天秦王的子婴，被迫向农民起义军投降。不可一世的秦王朝，仅存世15年，便止步于此。

刘邦大军进入秦朝首都咸阳后，萧何进入丞相府运走了大量秦朝的档案资料，为后来建立汉朝保留了重要的法律、户口和经济资料。此时的刘邦，眼见秦"宫室帷帐、狗马、重宝、妇女以千数"就打算住在秦宫不走了。但是，他的部将颇有远见，樊哙进谏劝说刘邦不要贪图眼前的利益，要放眼天下，他不听。张良再次谏言，称："今始入秦，即安其乐，此所谓'助桀为虐'。"刘邦这才作罢，封存秦朝的府库，还军霸上（今陕西西安东）。后来项羽的军师范增评论说："沛公居山东时，贪于财货，好美姬。今入关，财物无所取，妇女无所幸，此其志不在小。"

十一月，刘邦召集关中诸县父老、豪杰，发布政治宣言说："父老苦秦苛法久矣！诽谤者族，偶语者弃市。吾与诸侯约，先入关者王之，吾当王关中。与父老约，法三章耳：杀人者死，伤人及盗抵罪。余悉除去秦法。诸吏人皆案堵如故。凡吾所以来，为父老除害，非有所侵暴，无恐！且吾所以还军霸上，待诸侯至而定约束耳。"

刘邦的"约法三章"，如同给秦地老百姓服了一颗"定心丸"，让他们相信从现在起不用再过担惊受怕的日子了。百姓们大喜，争相奉献牛羊、酒食慰劳义军。刘邦则表示，仓库粮多，不用百姓破费，拒收百姓所献食物，百姓见此更加高兴，"唯恐沛公不为秦王"。

当月，项羽在河北消灭了秦军主力后也率领大军来到关中地区，派遣英布攻破函谷关。十二月，项羽兵至戏下，气势汹汹，准备攻杀刘邦。

毒龙衔日天地昏，八纮曚曃生愁云。

秦园走鹿无藏处，纷纷争处蜂成群。

四溟波立鲸相吞，荡摇五岳崩山根。

鱼虾舞浪狂鳅鲲，龙蛇胆战登鸿门。

——〔唐〕张碧《鸿沟》

项羽一战成名

在刘邦率军进攻关中时，项羽等人则率领楚地义军主力挺进河北，以少胜多歼灭了秦军主力。这一战就是历史上赫赫有名的"巨鹿之战"。

秦二世二年（前208），秦军主将章邯在击杀项梁之后，率20万兵马渡过黄河，配合由上郡（今陕西榆林东南）调至河北的秦将王离夹击赵地。赵地反秦义军首领赵王歇、张耳退守巨鹿（今河北平乡西南），被王离的20万大军围困。章邯屯军巨鹿南面的棘原，修筑了两侧有土墙的通道，直达王离军营，保障其粮草供应。

赵将陈馀收罗常山郡（今河北元氏县）的散兵数万人，驻扎在巨鹿北，因兵少不敢出战。王离猛攻巨鹿，巨鹿告急。赵王遣使向楚、齐、魏、燕等反秦起义军求救。

秦二世二年（前208）九月，楚怀王加封项梁麾下的幕僚宋义为上将军，号"卿子冠军"，项羽为次将，范增为末将，统率楚军主力5万人出兵救赵。

十月，行军至安阳（今河南安阳西南），宋义因畏惧秦军的强大，不敢前进，打算坐观秦、赵二虎相争。项羽一再催促进军，宋义不听，还说："坐而运策，公不如义。"结果，日拖一日，军粮吃完，将士们靠吃野菜度日，加之入冬天寒，军心浮动。项羽愤然批评宋义说："国家安危，在此一举。今不恤士卒而徇其私，非社稷之臣。"宋义无动于衷，还下令称：不服从指挥，擅自行动者，"皆斩之"。在第46天清晨，项羽忍无可忍，闯入宋义帐中，斩其首，示众说："宋义与齐谋反楚，楚王命我诛之。"将卒们也不敢提出异议，纷纷服从，推举项羽为假上将军。项羽派桓楚回禀楚怀王自己的所作所为，楚怀王提升项羽为上将军，令英布、蒲将军两支起义军也归他指挥。

十二月，陈馀在张耳的多次催促下，被迫调动5000人出战秦军，结果全部阵亡。当时，援助赵义军的齐将田都、燕将臧荼、赵将张敖等十几路兵马已经抵达陈馀营旁，可是都因畏惧秦军的强大，不敢与秦军交锋。

项羽取得军事指挥权后，率领楚军赶到巨鹿县南的漳水，立刻派遣英布和蒲将军率两万义军渡过漳水，援救巨鹿，首战告捷。随后，项羽亲率主力3万人渡过漳水。过了河，项羽命令将士们每人只带3天的干粮，把军队里做饭的锅碗全砸了，把渡河的船只全部凿沉，破釜沉舟，以示不胜则死的决心。项羽的决心和勇气极大地鼓舞了将士们的斗志。义军直扑巨鹿，切断秦军的粮道，向王离军发起猛攻。楚军以一当十，喊杀声惊天动地，九战九捷，连败秦军。当时，十几路援赵义军马都躲在壁垒上观战，无不惊惧。直到章邯退保棘原，这些义军才敢出兵助战，与楚军聚歼围城的秦军，活捉王离，杀其副将，解了巨鹿之围。

打垮秦军之后，项羽请各路义军将领来军营相见，诸将慑于项羽的威猛，"入辕门，无不膝行而前，莫敢仰视"。此后，项羽成了各路反秦义军的实际首领，诸侯无不畏服。

巨鹿解围后，章邯军退守棘原，项羽驻军漳水之南，诸侯驻军巨鹿城外，形成对峙局面。章邯派长史司马欣回咸阳向秦二世禀报军情，并向秦廷请求援助。当时，赵高专权，猜忌将相，拒绝接见司马欣，还有问罪之势。司马欣回到棘原，劝章邯早图良谋，不要步白起、蒙恬的后尘。这时，陈馀也致信章邯，劝其反戈、裂地而主，突如其来的变化令章邯在降楚、退军之间犹豫不决。

秦二世三年（前207）六月，项羽抓住时机，派蒲将军率军日夜兼程渡过三户津（古漳水渡口，今河北磁县西南），断秦军归路。然后自领大军北渡，大败秦军于污水（漳水支流）。在项羽的沉重打击下，章邯进退无路，被迫请降。项羽也知粮少不能久战，遂同意，七月，章邯率领20万兵马，在洹水南殷墟（今河南安阳）向项羽投降。

巨鹿之战历时近一年，项羽率楚军以破釜沉舟、勇往直前的气势，以区区 5 万兵力战胜 40 万秦军主力，扭转了整个战局，也为西路的刘邦军攻取关中创造了有利条件，对推翻秦朝的暴虐统治做出了巨大的贡献。大获全胜之后，秦二世三年（前 207）十月，项羽马不停蹄，挥师挺进关中。一路上楚兵对随行的投降秦军不断欺侮，令降军忧愤交加，并担心地说："章将军等诈吾属降诸侯，今能入关破秦，大善；即不能，诸侯虏吾属而东，秦必尽诛吾父母妻子。"投降秦军既担心项羽取胜，自己成为引狼入室的秦奸；又担心项羽战败，秦朝廷会把他们的父母妻儿全部杀掉。降卒们的怨言传入项羽耳中，项羽就跟英布、蒲将军商议，最后三人拿出意见，认为：军队里秦兵众多，如果入关后不听指挥，或者临阵倒戈，那么取胜就非常困难，不如及早杀掉，以免后患。于是，在兵至新安城南时，楚军在夜间突然动手，坑杀秦卒近 20 万人，制造了一场惨绝人寰的大屠杀。除了主将章邯、长史司马欣、都尉董翳三人，其他降卒一个没留。此地距离今山西晋城高平西北隅百余公里，那里即是战国时代秦兵和赵军大战的遗址，也是秦朝大将白起坑杀 40 万赵军的地方。谁曾想到，秦赵大战 54 年之后，在新安故城千秋镇又上演了这一场惊天悲剧。

900 多年之后，杜甫途经这里时，这场历史悲剧如同穿越时空的片段，浮现在他的脑海中，悲悯在他的诗词里：

> 项氏何残忍，秦兵此处坑。
>
> 愁云终古在，鬼灿至今明。

寰海沸兮争战苦，风云愁兮会龙虎。

四百年汉欲开基，项庄一剑何虚舞。

殊不知人心去暴秦，天意归明主。

项王足底踏汉土，席上相看浑未悟。

—— 〔唐〕王毂《鸿门宴》

鸿门宴后封王侯

刘邦封了府库，回军霸上，派兵把守函谷关，不准其他伐秦兵马入境，等待有朝一日独占关中再还回。项羽挥师来到函谷关下时，发现刘邦的兵马紧闭关门，不让入关而大怒，命令英布领兵先去攻城破关，自己随后率40万大军浩浩荡荡进入关中。十二月，项羽进驻戏下，与刘邦的10万兵马遥相对峙。

项羽大兵压境，遮云蔽日，刘邦阵营人心惶惶。主管军事机密的左司马曹无伤心生叛逆，暗中派人向项羽告密说："沛公想入主关中，以末世秦王子婴为相，独吞秦朝的珍宝，还派兵守关，不许别人入关。"

项羽听罢，心头火起，想着自己浴血奋战全歼秦军主力，刘邦却要坐享其成，独霸关中，岂有此理！当即下令各路将领备战，次日清晨发兵攻打刘邦。

在这紧要关头，项羽的叔父项伯，给形势带来了转机。项伯与张良曾有过命之交，项伯早年杀人身陷险境时，得张良帮助而逃脱。项伯知道张良正在刘邦军中效力，两军一旦交战，难免殃及张良，便私自溜出营帐，星夜策马赶到刘邦军中，秘密通知张良，赶快逃离险地。

张良得到消息后，不肯弃主逃命，一面稳住项伯，一面安排刘邦会见项伯。刘邦摆酒款待项伯，敬酒祝寿，两人还约定了儿女亲家，刘邦解释说："我入关以来，秋毫不敢侵犯，登记吏民，封存府库，日夜盼望项羽将军的到来。派兵把守函谷关，也是为了防范盗贼出入和秦朝余党作乱。哪敢反叛呀？劳驾您给报告一下，请项羽将军谅解我的苦衷。"

项伯相信了刘邦的话，认为刘邦没有与项羽争夺王位的野心，便嘱咐刘邦说："明天早些来鸿门拜见项羽，解释原委，消除误会。"项伯随即辞别，连夜赶回鸿门，向项羽报告了刘邦的情况，劝说道："如果沛公不先破关中，我们又怎能如此轻松入关呢？他有大功而无反意，无故攻杀他，不合道义。明天他会前来谢罪，应该好好款待他，才符合情理。"项羽觉得叔父的话有道理。但是，军师范增反对说："消灭刘邦并不是因为他有什么大错，而是因为他入关以来，一反常态，不贪财色，约法三章收买民心，说明他志在夺取天下。如果不趁早消灭他，将来会成为可怕的对手。所以，不要被张良和刘邦蒙骗。"项伯回应道："要杀刘邦，又何必兴师动众，殃及天下百姓？难道没有其他办法吗？"项羽认为叔父言之有理，范增于是又献计：在明天的宴席上找借口斩杀刘邦。项羽同意了，传令手下做好埋伏，只等刘邦来送死。

第二天，刘邦率领张良、樊哙、纪信、夏侯婴等百余骑，携带礼品来到鸿门拜见项羽，赔礼道歉。见面后，刘邦鞠躬解释说："臣与将军联手攻秦，全凭您的指挥，从来不敢妄为。将军战河北，臣战河南，无意中侥幸率先入关破秦，如今与将军相见于此，深感幸运。没想到竟有小人造谣生事，挑拨将军与臣的关系，请将军一定要明鉴宽量。"

项羽个性刚直，吃软不吃硬，又喜欢被奉承。听了刘邦的恭顺软话，怒气顿消，也打消了杀害刘邦的念头，随即设宴招待刘邦。席间，刘邦对项羽毕恭毕敬，表现得谦逊柔和，深得项羽欢心。只有范增一再示意项羽下令斩杀刘邦，项羽视而不见，不加理睬。范增转念又生一计，借故出门，密召项庄进去祝酒，以舞剑助兴为名，寻机刺杀刘邦。

项庄拔剑起舞，张良识破"项庄舞剑，意在沛公"，赶紧示意项伯。项伯随即也以助兴为名，起身与项庄对舞，并用身体掩护刘邦，项庄几次刺杀都不能得手。张良见形势急迫，借故出门，密召樊哙带剑拥盾闯入大帐，借口讨酒喝，趁机挑破舞剑阴谋，陈述刘邦之功，怒斥项羽听信谗言欲杀功臣。酒兴正浓的项羽十分欣赏樊哙的勇武爽直，连称壮士，令赐酒肉，停止舞剑。

酒过三巡，项羽已醉，刘邦借口上厕所，示意张良、樊哙等一起出去。守卫不放行，幸亏项羽手下的谋士陈平出面解围才顺利出门。随后，刘邦留下张良拜别，赠送礼品，自己则带着樊哙、夏侯婴、纪信等人逃回灞上。

数日之后，项羽率领大军进入咸阳，杀了秦朝的降王子婴，放火烧了秦朝的皇宫，这把火烧得阿房宫三月不灭。项羽随后携带珍宝美女，回军戏下欲东归。谋士韩生劝项羽说："关中山河四塞险阻，土地肥美，可以作为霸王之都。"但是，项羽却急着衣锦还乡，称："富贵不归故乡，如衣绣夜行，谁知之者！"谋士韩生感叹道："人们说楚人是沐猴而冠，果真不假。"项羽听闻此言，怒杀了韩生。

汉高祖元年（前206）二月，项羽自立为"西楚霸王"，开始分配胜利果实，沿用西周时期的"封邦建国"的封建制度，把全国划分为19块分封地分给各功臣。名义上尊称楚怀王熊心为"义帝"，实际却将其发配到江南的郴县（今湖南郴州）；项羽统领原梁国（魏国）、楚国的九个郡（今江苏、安徽、山东、河南部分地区），定都彭城，封范增为丞相、项伯为尚书令、钟离昧为右司马、季布为左司马、龙且为大司马、丁公为左将军、雍齿为右将军、陈平为都尉、英布为引战大将。

其余地区分封给18位诸侯。其中，刘邦被封为"汉王"，驻南郑（今汉中汉台区），统辖巴、蜀、汉中地区。巴蜀两郡道路险阻，原是秦朝的流放地，项羽将刘邦安排在这里，是为了便于控制。同时，把关中划分为3块，分别封给秦朝的3个降将，利用他们阻断刘邦东进的道路。封降将章邯为"雍王"，驻废丘（今陕西兴平南，另说为今西安长安区东马坊遗址），管辖咸阳以西地区；封降将司马欣为"塞王"，驻栎阳（今陕西西安阎良区东南），辖咸阳以东至黄河地区；封降将董翳为"翟王"，驻高奴（今陕西延安东北），管辖上郡地区。

另外14个诸侯王分封在关东地区。具体如下：

1. 魏王豹改封"西魏王"，迁河东，都平阳（今山西临汾西）；

2. 张耳的部将申阳，先率兵攻下河南，迎接楚军渡河有功，封为"河南王"，都雒阳（今河南洛阳东）；

3. 韩王成不变，依旧为韩王，都阳翟（今河南禹州）；

4. 赵将司马卬平定河内，战功卓著，封为"殷王"，迁河内，都朝歌（今河南淇县）；

5. 赵王歇改封为"代王"，都代县（今河北蔚县东北）；

6. 原赵地丞相张耳素有声望，又跟随项羽入关，封为"常山王"，迁赵地，都襄国（今河北邢台）；

7. 项羽部将当阳君黥布（英布），惯当先锋，屡立战功，封为"九江王"，都六（今安徽六安北）；

8. 楚将番君吴芮统率百越协助诸侯反秦，又跟随项羽入关，封为"衡山王"，都邾（今湖北黄冈西北）；

9. 义帝的柱国共敖领兵进攻南郡，功多，封为"临江王"，都江陵（今湖北江陵）；

10. 燕王韩广改封为"辽东王"，都无终（今天津蓟州区）；

11. 燕将臧荼从楚救赵，又跟随项羽入关，封为"燕王"，都蓟（今北京西南）；

12. 齐主田市改封为"胶东王"，都即墨（今山东平度东南）；

13. 齐将田都跟随共敖救赵，又跟随项羽入关，封为"齐王"，都临淄（今山东临淄东）；

14. 先秦齐王建的孙子田安，起兵攻下济北数城，带兵投奔项羽，助其渡河救赵有功，封为"济北王"，都博阳（今山东泰安东南）。

另外，封陈馀为三县侯，梅鋗为十万户侯。凡是对项氏有功者，都得到了封地。

汉高祖元年（前206）四月，各路诸侯告别项羽，离开戏下，分别前往各封国就任。项羽也打算"衣锦还乡"。只是，项羽没料到，那个令他魂牵梦萦的故乡，最终却成为回不去的远方。

力拔山兮气盖世，时不利兮骓不逝。

骓不逝兮可奈何，虞兮虞兮奈若何！

——项羽《垓下歌》

汉军已略地，四面楚歌声。

君王意气尽，贱妾何聊生！

——虞姬《和项羽垓下歌》

楚汉相争

消灭秦朝之后，放眼华夏大地，就实力和威望而言，项羽足可以取代秦朝，一统天下。然而，这位 26 岁的起义军领袖虽然骁勇善战，却没有夺取天下的远志，更不具备走在时代前列的开拓者的精神。

各路诸侯在得赏之后，纷纷四散而去，逃离项羽的控制，赶赴封国就任。但是，义帝楚怀王不愿意离开故都，项羽下令将其强行迁往郴县，途中又密令英布等人将其杀害，抛尸江中；韩王成虽然已经受封，项羽却又嫌他没有军功，不让就国，带回彭城，贬为侯，随后又借故杀了他。

项羽的肆意妄为令各封侯非常不安，于是刚刚平息的战火又被点燃。最先挑起事端的是田荣。田荣是先秦的齐国贵族，早在陈胜、吴广起义不久，就参加了反秦战争，屡立战功，但是由于他不听从项羽的调遣，因而没被封王。眼看天下既定，王侯各有归属，自己未能分得一杯羹，便心生怨恨。

汉高祖元年（前206）五月，田荣起兵反对项羽，接连击败齐王田都、胶东王田市、济北王田安，夺取三齐，自立为"齐王"。随后，田荣联络割据在巨野泽中的彭越（？—前196），封其为将军，令其出兵进攻项羽的楚国。

彭越是昌邑（今山东巨野南）人，少年时在巨野泽（今山东巨野北）捕鱼为生。刘邦起义初期从城阳进攻昌邑时，彭越聚众前去助战。刘邦没能攻下昌邑，领兵绕道继续西进，彭越则率领他的部队留在了巨野泽中，占山为王。后来逐渐收编魏地的散卒，发展到万余人，依然是支独立军团，无归属。项羽进入关中后，瓜分天下、分封诸侯时，对彭越这支部队视而不见。

田荣发难，如一石激起了千层浪，被项羽封为三县侯的陈馀也趁势响应。陈馀与张耳本是刎颈之交，两人的反秦功绩不相上下。但是，张耳被封为常山王，陈馀仅为三县侯，地位悬殊。分封之不公，让陈馀愤然而起，私自向田荣借兵，进攻张耳。张耳兵败，投奔刘邦。陈馀迎立代王歇为赵王，赵王歇封陈馀为代王。

诸侯之间这一系列的混战，打破了项羽刚刚建立的霸局。项羽大怒，派出萧公角进攻彭越，自己亲率兵马进攻田荣。出兵之前，项羽征调九江王英布，英布装病不去，仅派4000人随行，项羽由此开始迁怒于英布。

一波未平一波又起，汉高祖元年（前206）八月，就在项羽征讨田荣之际，刘邦也乘机起兵，进攻关中，一举击败章邯，拉开了楚汉战争的大幕。

项羽封刘邦为汉王时，刘邦心有不甘，但深知实力不敌项羽，便在谋臣的建议下，制定"王汉中，养其民以致贤人，收用巴、蜀，还定三秦"的战略。

击败章邯后，刘邦乘胜进占陇西、北地、上郡；又令薛欧等出武关，继续东进，迎接父亲和妻子吕雉。项羽派兵在阳夏阻击，加封原吴令郑昌为韩王，堵截薛欧等汉兵东进。

汉高祖二年（前205）年初，项羽在城阳打败田荣，放火将齐城夷为平地，坑杀了田荣的降卒，掳掠了当地的老弱妇女，押解到北海，一路上肆意残杀。当地百姓忍无可忍，纷纷聚众反叛。田荣的弟弟田横收罗散兵游勇，得数万人，继续战斗。项羽进不能胜，退不甘心，兵力陷在了齐地。

三月，刘邦从临晋关（今陕西大荔东）渡过黄河，东进洛阳，采纳新城（今河南商丘南）董公的建议，为义帝楚怀王发丧。为了唤起民众对项羽的痛恨之情，刘邦"大哭"，令群臣素服，士兵戴孝，借项羽"杀主背义"的罪名，号召诸侯共同讨伐项羽。

四月，刘邦统领各路诸侯兵56万，横渡汜河，轻松攻占守备空虚的楚都彭城。刘邦在尽收项羽的财宝美人之时，不能自拔地沉浸在胜利的喜悦之中，天天豪饮作乐。项羽闻讯暴跳如雷，亲率3万精兵回救彭城，大败刘邦汉军。汉军兵败如山倒，十几万人坠入泗水，或淹死，或被杀。项羽一路追杀至睢水，再歼汉军十几万人，尸体塞满河道，致使"睢水为之不流"。刘邦麾下的56万大军所剩无几。刘邦仅率数十骑侥幸突围，仓皇逃窜。逃亡途中遇到自己的女儿、儿子，乘车共同逃亡。但是，楚兵穷追不舍，急得刘邦三次把儿女踢下车，企图轻车逃命。驾车的夏侯婴不忍，一次次把孩子们拉上车，孩子们才幸免于难。刘邦的父亲和妻子吕雉却在战乱中被冲散，成了项羽的俘虏。

刘邦一路狂奔，途中先后遇到张良、陈平收罗的3万汉军散兵和萧何征发的关中援兵，才得以喘息，逃到了荥阳，有了重整旗鼓的机会。项羽随后追到荥阳，刘邦在城南布阵迎战，双方互有胜负，两军僵持不下。此时，项羽长途奔袭，兵少将寡，无力继续西进，而刘邦新败也无力东进，荥阳便成了楚汉相争的主战场。

战至汉高祖三年（前204），项羽屡出奇兵，截断汉军的粮道。汉军给养匮乏，军心动摇。情势所迫，刘邦向项羽请求以荥阳为界，双方停战言和。项羽想答应，范增反对，认为应该趁机消灭刘邦。项羽采纳其言，急围荥阳。刘邦被困在荥阳，身陷险境。四月，刘邦采用陈平之计，重金贿赂项羽身边的人，散布范增通敌的谣言。项羽疑心重，便开始怀疑范增，并夺其权。范增气愤又绝望，于是告老还乡，还没走到彭城，便发病而亡。

接着，纪信扮作刘邦，率两千多名妇女趁着夜色从荥阳东门出城，欺骗项羽说："城中食尽，汉王降。"楚军听说刘邦投降了，欢呼雀跃，纷纷跑到城东观看。刘邦乘机率数十骑从西门出城，逃往成皋（今河南荥阳氾水镇西）。此地又名虎牢关，靠山临水，进可攻退可守，是关东进入关中的咽喉要地。项羽发现受骗后，烧死了纪信。

刘邦逃回关中，谋士辕生进献调虎离山之计，制订出新的战略计划：一方面主力南渡、筑垒避战，缠住项羽；另一方面派韩信北攻赵、燕、齐，迂回包抄项羽，使之顾此失彼。

五月，刘邦出武关，南走宛（今河南南阳）、叶（今河南叶县）。项羽果然引兵追来，刘邦以逸待劳，坚壁不战，吸引住楚军兵力。与此同时，彭越渡过睢水，进攻下邳，大败楚军。项羽大怒，分兵东击彭越。刘邦乘机北进，再次占领成皋。六月，项羽又急忙回兵夺取荥阳，围攻成皋。两个月的时间里，项羽东奔西走，疲于奔命。八月，刘邦再次南撤，屯驻修武（今河南获嘉），同时派遣刘贾率两万人，从白马津（今河南滑县东北）渡过黄河，进入楚地，协助彭越，烧毁楚军粮草，接连攻占睢阳（今河南商丘南）等17座城池。九月，项羽被迫再次东击彭越，逐一收复失地。项羽虽然数战数胜，却也是往来奔忙、穷于应付，最终陷入势孤力穷的境地。

十月，乘项羽东击彭越之机，刘邦围攻成皋，大司马曹咎、长史董翳、塞王司马欣战败自杀。刘邦再得成皋，缴获大量粮秣，驻军广武（今河南荥阳东北）。

项羽闻讯后，又率军赶赴广武，与汉军隔涧对峙。汉军以逸待劳、粮草充足，楚军远道而来、兵疲粮乏。项羽急于结束战争，把被俘的刘邦父亲押到阵前，架到开水锅上，威胁刘邦说："今天你若不投降，我就烹杀太公。"刘邦见状，却镇定自若地说："我和你一同受命怀王，'约为兄弟'，我爹就是你爹。你一定要烹你爹的话，别忘了分我一杯羹。"项羽怒不可遏，命令埋伏的弓弩手一起放箭，刘邦正想回马逃跑，被一只乱箭射中胸部，撤回成皋养伤。

不久，北线传来消息，韩信攻下齐国，全歼齐楚联军20多万人。刘邦非常高兴，遣使祝贺，并指令韩信带兵会师灭楚。然而，韩信却邀功请赏，要求做"代理齐王"，刘邦又气又恼，迫不得已加封韩信为齐王，命他尽快回师夹击项羽。

汉高祖五年（前202）七月，刘邦又策反了项羽的旧臣九江王英布，封为淮南王，命其截断项羽的退路；同时命彭越等在楚军后方开展游击战，阻截、焚毁楚军的粮草。八月，项羽进退两难，被迫与刘邦签订停战协议，中分天下，鸿沟以东为楚，鸿沟以西为汉。双方解甲归田，交换俘虏，项羽释放了刘邦的父亲、吕雉，项羽依约东归。

历经三年的酷战，此时的刘邦已经占据上风，怎肯轻易放项羽而去？于是，听从张良、陈平之计，撕毁和约，越过鸿沟，追击项羽。一个月后，刘邦又派人策反了楚国的大司马周殷，使项羽的处境雪上加霜。

十二月，韩信设下十面埋伏，以30万汉军将项羽的10万楚军围困在垓下（今安徽固镇东北、沱河南岸）。

几经厮杀，10万楚军只剩下两三万人，里无粮草、外无救兵。决战前夕，韩信又搞起心理战。在凄冷的雪夜，让士兵唱起楚歌，楚军将士和项羽都以为楚地被刘邦的汉军占领，个个无心恋战，甚至有人开始逃散，连项羽的叔叔项伯也暗地里不辞而别。一夜之间，项羽身边仅剩下千余人。

凌晨时分，项羽面对身边的美人虞姬，绝望地唱道："力拔山兮气盖世，时不利兮骓不逝。骓不逝兮可奈何，虞兮虞兮奈若何！"项羽泪流满面，左右皆泣不成声。歌罢，项羽率残部800骑突围。汉将灌婴率5000骑紧追。越过淮水，项羽身边还剩下百余骑。逃到阴陵（今安徽定远西北），迷失了道路，陷入大泽。逃到东城（今安徽定远东南）时，仅剩28骑。

尔后，项羽逃到乌江（今安徽省和县东北）之滨，乌江亭长已备船等候，催他赶紧渡江。项羽却心灰意冷，叹道："天之亡我，我何渡为！当年我与江东子弟八千人渡江而西，今无一人还。即便江东父兄可怜我，立我为王，我又有何面目见之？"说罢，拔剑自刎而死，时年31岁。追赶而来的汉军开始争抢项羽的尸体，数十人自相残杀。

历时4年的楚汉战争，在项羽自刎那一刻宣告结束。胜利者刘邦，自此迈出了独步天下最扎实的一步。

大风起兮云飞扬，威加海内兮归故乡。安得猛士兮守四方？

——〔汉〕刘邦《大风歌》

大汉开国

汉高祖五年（前202）二月，55岁的刘邦，在洛阳东面的汜水要塞（今山东菏泽定陶）即皇帝位，成为大汉王朝的开国皇帝，史称"汉高祖"。

汜水要塞只是一个小城堡，无法成为政治中心。而前朝的首都咸阳被项羽放火焚毁，东周留下的古都洛阳，却保持完好。于是，刘邦挥师西入，定都洛阳。

五月，刘邦在洛阳南宫（今河南洛阳首阳山龙虎滩村北）大摆宴席，与群臣共庆一统天下的大胜利。酒过三巡，刘邦兴奋地说道："今日畅饮，各位不妨畅所欲言。说说，与项羽相争，为什么我能得到天下呢？"群臣七嘴八舌、议论纷纷，其中高起、王陵回答说："陛下能以利让人，攻城略地，凡有收获，就用来赏赐有功之人，因此属下奋勇效命，所以您能得天下；而项羽嫉贤妒能，有功不赏，还迫害功臣，所以他失去了天下。"刘邦听罢得意地笑道："你二人只知其一，不知其二。能与部属同甘共苦固然重要，但也只是其一。就我而言，运筹帷幄之中，决胜千里之外，我不如张良；治理国家，安抚百姓，保障军粮供应，我不如萧何；统率百万大军，攻必克，战必胜，我不如韩信。这三位都是当世的豪杰，我却能加以重用，这才是我夺取天下的关键。至于项羽，手下只有一个人才范增，还排斥不用，他岂能不败?"群臣听了，茅塞顿开，点头称是。

刘邦本想就这样安顿下来，定都洛阳。不久，一名齐国的成卒娄敬路过洛阳，前来献策，认为刘邦不宜定都洛阳，应该建都关中。理由有三：第一，洛阳地处平原，乃四战之地，无险可守，楚汉战争主要是在中原展开的，当地人民死伤惨重，项羽旧部以及战争中分封的诸侯王，如楚王韩信、淮南王英布、梁王彭越等都在洛阳以东及其南北地区，万一发生战乱，洛阳首当其冲；第二，关中地区四面有山河屏障，易守难攻，即便关东战乱也难以危及朝廷；第三，刘邦当年初入关中，便与关中父老约法三章，废除秦朝苛政，深得关中民心，在关中有较好的统治基础，而且刘邦统一天下依靠的也是关中的人力和物力。

刘邦认为，娄敬言之有理。可是，刘邦的属下主要是关东人，大家都希望荣归故里，不想远离家乡，反对去关中建都。只有张良赞成迁都，并进一步指出：洛阳"不过数百里，田地薄，四面受敌，此非用武之国也"。而关中地势险要，物产丰富，"沃野千里，南有巴蜀之饶，北有胡苑之利，阻三面而守，独以一面东制诸侯。诸侯安定，河渭漕挽天下，西给京师；诸侯有变，顺流而下，足以委输。此所谓金城千里，天府之国也"。

最后，刘邦一锤定音，迁都关中，在秦都咸阳以东的长安乡修建宫廷；同时加封娄敬为郎中，号"奉春君"，赐姓刘，提拔为随传伴驾的重要谋士之一。

迁都长安之后，刘邦开始大规模加封功臣，安排统治班底。刘邦在位期间，功臣封侯者137人，加上皇亲外戚合计143人。其中，在楚汉战争时期和称帝之初被封王的功臣共有8人：

1. 赵王张耳，大梁（今河南开封）人，原系陈胜的校尉，攻下赵地三十余城。秦亡后，被项羽封为常山王，后被陈馀袭击，转投刘邦。公元前203年被刘邦封为赵王，次年去世，子张敖袭王爵。

2. 韩王信，战国时韩襄王之孙，追随刘邦入关中、汉中，参与收复关中及韩地，公元前205年被刘邦封为韩王，后降楚，不久又归汉。公元前201年迁往太原为王，治所在马邑（今山西朔州）。

3. 楚王韩信，淮阴（今江苏淮安）人，贫民出身，起初投效项梁、项羽，不受重用而转投刘邦，被萧何保荐为大将，攻取三秦、北伐赵燕及三齐，屡立战功。公元前203年被封为齐王，公元前202年改封楚王，统辖淮北地区，治所在下邳（今江苏睢宁北）。

4. 淮南王英布，楚汉战争期间，被隋何游说归汉。公元前203年被刘邦封为淮南王，统辖九江、庐江、衡山、豫章诸郡。

5. 梁王彭越，昌邑人，巨野泽中渔民兼草寇。秦末聚众起兵，归附刘邦。楚汉战争期间，率部在楚军的后方开展游击战破坏项羽粮道，使项羽两面作战疲于应付。公元前203年，被刘邦封为梁王。彭越与韩信、英布并称汉初三大名将。

6. 燕王臧荼，楚汉战争期间，臧荼偏安北方，公元前203年，韩信荡平赵国，臧荼害怕，主动投降，刘邦仍封他为燕王，治所在蓟。

7. 燕王卢绾，丰（今江苏丰县）人。卢绾与刘邦同里，两人同日生，从小就是好朋友。刘邦起兵后，卢绾相随。刘邦被封为汉王入汉中时，卢绾被任命为将军，随侍左右。楚汉战争期间，卢绾官至太尉，封长安侯。因其与刘邦的特殊关系，常常出入刘邦的私宅。萧何、曹参等虽因才能过人而得到刘邦的礼遇，但亲密关系和被宠信的程度都比不了卢绾。汉高祖四年（前203）七月，臧荼谋反，刘邦亲征。九月灭臧荼，封卢绾为燕王。

8. 长沙王吴芮，鄱阳（今江西鄱阳）人，春秋时吴王夫差的后裔。父吴伸是楚国大夫，谪居番邑（鄱阳县）。秦始皇统一六国后，番邑首批置县，吴芮为第一任县令，治政恤民，深得民心，被百姓尊称为"番君"。陈胜、吴广起义后，全国纷纷响应。英布率7000人投靠吴芮，吴芮把女儿嫁给英布，命他领兵入淮与项梁会师，随项羽攻取三秦；另派水军随刘邦入武关。项羽分封诸侯时，封吴芮为衡山王，汉朝建立后，改封为长沙王。

除封王之外，封侯的137人中以萧何名列第一，封为酂侯，食邑8000户。其次是张良，封为留侯，食邑万户。第三位是曹参，封为平阳侯，食邑 10630 户。

这些汉初的功臣，除了少数为先秦权贵后裔外，其他主要都出身于民间中低阶层，少有人懂得礼仪，所以经常在一起饮酒争功，肆无忌惮，甚至拔剑击柱，朝廷毫无秩序。于是，谋士叔孙通向刘邦提出"起朝仪"的建议并被采纳。叔孙通征集学者及弟子百余人，参照秦仪，制定出汉廷的朝仪。汉高祖七年（前 200），长乐宫落成，诸侯群臣前来朝贺，启用新定的朝仪。自诸侯王以下，人人诚恐肃敬，秩序井然，刘邦高坐龙廷，不禁感叹说："吾今日乃知为皇帝之贵也。"

封功臣、定朝仪，汉初还重修历法，再次确定度量衡的标准，制定了严密的军法，以完善统治制度。

汉朝初立，针对民心不定，百废待兴的现状，统治者采用了"黄老之学"的治国理念，倡导"清静无为""无为而治"的统治思想，以文武并举、德刑相济的治术，实施休养生息、不用烦琐苛政的政策，力图尽快恢复农业生产，恢复社会秩序，安定民生，稳固统治。

为了安定民心、增加劳动力、促进生产，汉朝廷提出"兵皆罢归家"，让士卒们返乡安居乐业；鼓励逃亡人口回到原籍，并享有原来的爵位和土地；优待复员士兵，跟随刘邦入关定居关中的士兵，免除 12 年徭役，返回故乡者，免除 6 年徭役；给从军的吏卒赐爵位，并按功劳分配田宅；免除百姓中奴婢的身份，皆为民；等等。

在政权统治方面，刘邦采纳了朝臣的建议，实行"强本弱末"的统治方针，也就是加强中央集权，削弱地方诸侯的势力的策略，以图皇权稳定。以武力开国的刘邦，深知诸封王们的实力。刚刚平定的天下，诸王侯们那一颗颗奔腾的野心，是否也能就此安定是刘邦最在意的事情。分封后，除关中和巴蜀地区之外，国土大部分都控制在八大异姓王手中，封王们战功卓著，拥兵自重，每每想起，都令刘邦心神不安。

刘邦虽然知人善用，却也只能与众人同生死，不能共富贵。接下来，消灭异姓王，巩固刘氏政权统治，成为刘邦的要务。

在灭楚战争中，将领中以韩信的军功最大，威望最高，彭越、英布次之。因此，在灭楚后不久，刘邦就夺了韩信的兵权，改封为楚王。汉高祖四年（前203）十月，又贬韩信为淮阴侯。汉高祖十一年（前196），以谋反的罪名擒杀韩信和彭越，灭三族。

兔死狐悲，英布见势决定起兵反叛，刘邦亲征。汉高祖十二年（前195）十月，英布被追斩于番阳（今江西鄱阳）。刘邦在凯旋途中，路过家乡沛县，置酒款待父老乡亲，叙旧为乐。席间，刘邦慷慨伤怀，老泪纵横，起舞唱道："大风起兮云飞扬，威加海内兮归故乡，安得猛士兮守四方……"畅饮了十多天，才起驾返回长安。

接着，刘邦平定陈豨叛乱；韩王信和卢绾也被迫投奔匈奴；张耳死后，其子张敖被为宣平侯；只有长沙王吴芮因势微地小，对朝廷无威胁而存继下来。

汉高祖六年（前201），刘邦采纳田肯的建议，开始提升刘氏子弟的地位，封王赏地。分楚地为二国，以从兄即叔父之子刘贾为荆王，弟刘交为楚王。以子刘肥为齐王，食封70余城等，刘邦的兄、弟、子、侄共10人被封王。刘邦很清楚，自家宗室子弟其实无功可谈，都是坐享其成而已。但是，为了维护和巩固刘氏宗族的统治地位，刘邦晚年还是给后人留下"非刘氏而王者，若无功上所不置而侯者，天下共诛之"的祖训。

汉高祖九年（前198），刘邦又采纳刘敬的建议，迁徙先秦六国王族后裔及豪杰大姓10余万人移居关中。加强对他们的管控，削减其固有财势及政治影响力，斩断其可能出现的复国根基。

在周边关系上，刘邦缓和了汉朝与匈奴、南越的关系，使周边政治局势趋向稳定。

秦末时期，匈奴乘内地变乱，不断南侵，扩张势力。汉高祖七年（前200），刘邦亲征匈奴，被围困于白登7天，陈平用计才侥幸得脱。汉高祖九年（前198），汉朝廷决定与匈奴缔结和亲之约，暂时和缓了汉匈关系。

在南越方面，秦朝灭后，秦吏南海尉赵佗出兵占领桂林、象郡，自立为南越武王。刘邦派遣陆贾出使说服赵佗归顺。汉高祖十一年（前196），刘邦封赵佗为南越王，将南越收为汉朝统治的一部分。

汉高祖十二年（前195）四月二十五，刘邦在长乐宫去世，终年63岁，在位8年。

汉业存亡俯仰中，留侯当此每从容。

固陵始议韩彭地，复道方图雍齿封。

——〔宋〕王安石《张良》

张良运筹帷幄

汉代是中国历史上谋略家辈出的时代，汉初有张良、陈平，汉末有诸葛亮、周瑜等等，堪称群星璀璨、光耀后世。这些人的故事总是耐人寻味、启迪智慧。

"汉初三杰"中的张良仙风道骨，几乎是智谋的化身。此公字子房，本是城父人，祖父和父亲历任先秦韩国的宰相。公元前250年，秦国进攻韩国，张良父亲战死，当时张良尚幼。公元前230年，秦灭韩后，张良决心为韩报仇，甚至"弟死不葬，悉以家财求客刺秦王"。公元前218年，秦始皇东巡，行至博浪沙（今河南原阳东南）时，遭遇张良埋伏的刺客，以百余斤重的铁锤投向车驾，误中了副车。秦始皇下令搜捕刺客，张良隐姓埋名亡命江湖。

后来，张良逃到了下邳，在沂水圯桥上遇到一位老者。老者故意把鞋甩到桥下，对张良说："小子，下去给我捡鞋!"张良把鞋取来了，老头又抬起脚来说："给我穿上。"张良跪下给老头穿上了鞋。老者临走前对张良说："孺子可教矣。5日后清晨，来这里见我。"

5日后，天还没亮，张良就赶到桥上。可是，老者已在那里等候，生气地说："与老者约会，为什么迟到？回去吧！5日后早点来。"

5日后，鸡刚叫，张良便赶到桥上。但老者又已早到，责备张良说："为什么又晚了？回去吧！5日后再来。"

再一次5日后，不到半夜，张良就去桥上等候。不一会儿，老者来了，高兴地说："应该这样。"随后递给张良一本书，说："读懂此书，就可以成为帝王的军师啦。10年后天下大乱，你可用此书兴邦立国。第13年，你来济北到谷城山下找黄石，那就是我。"天亮后，张良才知道老头给他的是《太公兵法》。

此后，张良在下邳潜藏了10年，专心研读《太公兵法》，其间赶上项伯杀人，张良把它藏匿起来。秦二世元年（前209）七月，陈胜起义，各地纷纷响应，楚国贵族景驹自立为楚王，也举起了反秦大旗。张良召集100多人，准备去投靠景驹。行军路上，在陈留遇到刘邦的起义军，刘邦任命他为厩将，负责车马后勤工作。此后，张良依据《太公兵法》不断为刘邦出谋划策，得到了刘邦的赏识，张良也就一直跟随刘邦。

秦二世二年（前208）四月，项梁击杀景驹，召集各路起义军首领到薛开会，拥立先秦楚怀王之孙熊心为楚怀王。会议期间，张良游说项梁立韩国王族后裔横阳君韩成为韩王。早在下邳期间，张良与项梁便有旧谊，因而项梁一口应承，并拜张良为韩国司徒

（相当于丞相）。随后，项梁拨给了张良与韩王千余兵马，令其西略韩地。张良等攻占数城，但很快又被秦军夺回。张良留在颍川一带，继续与秦军周旋。

秦二世三年（前207），楚怀王派遣刘邦西取关中。四月，刘邦攻占颍阳，略韩地。张良与韩王领兵配合，连下10余城。刘邦欲速取关中，令韩王留守阳翟，张良随其进攻关中。九月，兵临南阳郡，南阳郡守退入宛城固守。为了快速入关，刘邦打算弃宛而西。张良劝阻说："沛公虽欲急入关，秦兵尚众，冒进太危险。今不下宛，宛从后击，强秦在前，此危道也。"刘邦采纳其言，偃旗息鼓，当晚秘密返回，包围宛城。守将看见刘邦兵临城下，难以抵挡，不战而降。

刘邦继而引兵向西，所至皆降。十二月，张良随刘邦进军峣关（今陕西蓝田南）。峣关易守难攻，是南阳与关中之间的交通要隘，是通往秦都咸阳的咽喉要塞，也是拱卫咸阳的最后一道关隘，秦有重兵扼守此地。刘邦打算发兵强攻。张良献计说："秦兵尚强，未可轻进。听说峣关守将是个屠夫的儿子，只要用点钱财就可以打动他。您可以派先遣部队，在四周山上增设大量军队的旗号，虚张声势，作为疑兵。然后，再派郦食其多带珍宝财物去劝诱秦将，就可能成功了。"刘邦依计而行，峣关守将果然献关投降。刘邦大喜，张良却认为不可，分析道："这只不过是峣关守将想叛秦，他部下的士卒未必服从。如果士卒不从，后果不堪设想。不如乘秦兵懈怠之机消灭他们。"于是，刘邦率兵向峣关发起突然攻击，秦军大败，弃关退守蓝田（今陕西蓝田县西）。刘邦乘胜追击，穿过黄山，在蓝田大败秦军，于汉高祖元年（前206）元月抵达灞上。

刘邦从奉楚怀王之命西进到进入关中、迫降子婴，历时仅一年。张良的计谋使得刘邦军进攻顺利，少受阻碍，从而赢得了时间，比项羽抢先一步进入关中。

汉高祖元年二月，在项羽设下的鸿门宴上，张良以其大智大勇巧妙周旋，帮助刘邦脱离虎口，化解了一场一触即发的大战。项羽分封天下之后，张良打算离开刘邦，回韩国追随韩王成做宰相。刘邦赐金百镒、珠二斗。张良却把金珠全部转赠给项伯，拜托他请求项羽将汉中地区加封给刘邦。项伯立即前去说服项羽。这样，刘邦得以建都南郑，占据了秦岭以南的巴、蜀、汉中三郡之地。

四月，刘邦赴任就国，张良送行到褒中（今陕西褒城）。见沿途都是悬崖峭壁，只有栈道凌空高架，别无他途。张良便建议刘邦，行军过后，放火烧毁入蜀的栈道，以示无东归之意，消除项羽的猜忌，同时也可防备遭袭。刘邦依计而行，烧掉了栈道。刘邦入汉中后，励精图治。八月，刘邦用大将韩信之谋，明修栈道，却从故道（今陕西宝鸡西南）暗度陈仓，出其不意地一举平定三秦，夺取了关中宝地。张良"明烧"，韩信"暗渡"，珠联璧合，留下一段脍炙人口的历史佳话。

秦灭亡后，张良为韩国报仇目的已经达到。但是，韩王成只得到了封号，项羽不让他就国，把他带到彭城后，又废掉韩王成的王号，改封为侯，不久还杀掉了韩王成，使张良相韩的幻梦彻底破灭。项羽也因此成了韩国和张良的新仇人。

同年冬，张良逃出彭城，躲过楚军的追查，回到刘邦的身边，受封为成信侯，此后朝夕相随刘邦左右，成为首席谋臣。

汉高祖二年（前205）春，刘邦在彭城遭遇惨败，几乎全军覆没，丢下老父和妻子儿女，只带张良等数十骑狼狈逃至下邑。在此危亡之际，张良匠心独运，为刘邦谋划说："九江王英布是楚国的猛将，与项羽有隙。彭城之战，项羽令其相助，他却按兵不动。项羽怨恨，多次责之以罪。另外，项羽分封诸侯时，彭越未受封，早对项羽不满，而田荣反楚时曾联络彭越造反，项羽为此曾令萧公角攻伐彭越。这二人可以策反。至于汉王手下的将领，只有韩信可以委托大事，独当一面。大王如果能用好这三个人，楚可破也。"这就是著名的"下邑之谋"。

刘邦采纳了这个"以弱制强"的妙计，派出游说高手隋何前往策反英布，又遣使联络彭越；同时，派韩信率兵北击燕、赵等地，迂回包抄楚军。内外联合共击项羽的军事联盟终于形成，扭转了楚汉战争的局势。

汉高祖四年（前203）八月，楚、汉签订和约。张良、陈平认为这是军事上的重要关头，战机不可失。他们说："汉有天下太半，而诸侯皆附之。楚兵罢食尽，此天亡楚之时也。不如因其机而遂取之。今释弗击，此所谓养虎自遗患也。"于是，十月，刘邦毁约追击项羽。十二月，项羽在垓下自刎，楚灭。

楚汉战争胜利后，刘邦与群臣畅论得天下的原因，以能用三杰至为关键。三杰即张良、萧何和韩信，而以张良为三杰之首。刘邦说："夫运筹帷幄之中，决胜千里之外，吾不如子房。"

汉高祖六年（前201），刘邦大封功臣，张良没有战功，但以运筹帷幄为刘邦所重，令自择齐国30000户为食邑，张良辞让，请封当年与刘邦相遇的留地（今江苏沛县），于是刘邦封张良为留侯。张良辞让说：自己在韩灭家败后沦为布衣，布衣得封万户、位列侯，应该满足了。而"为韩报仇强秦"的目的也已达到，一生的夙愿基本上都满足了。

张良素来体弱多病，自从刘邦入都关中，天下初定，他便托词多病，闭门不出。随着刘邦皇位的渐次稳固，张良逐步从"帝者师"退居"帝者宾"的地位，遵循着可有可无、时进时止的处事原则。在刘邦剪灭异姓王的残酷斗争中，张良极少参与谋划；在西汉皇室的明争暗斗中，张良也恪守"疏不间亲"的遗训。

张良是一个军事家，但不掌军权，也是一个政治家，但不掌握国家的行政权力。他留给世人的印象是一派谦抑自守的形象。晚年，他表示愿弃人间事，师从赤松子学辟谷导引、轻身之术。汉高后二年（前186），张良去世，享年64岁。

扰扰当途子，毁誉多埃尘。

朝生舆马间，夕死衢路滨。

——〔南朝〕江淹《效阮公诗》

刘邦除英布

英布（？—前196）与韩信、彭越并称汉初三大名将。英布出身于六（今安徽六安）一户平民家庭，年轻时因触犯秦法遭黥刑，故又称黥布。受刑后，英布被押送骊山服刑，在骊山，他结交刑徒中的豪杰之士，率领一伙人逃亡于江湖，做了强盗。

自陈胜、吴广起义后，英布聚众数千人响应，鄱阳县令吴芮招他做了女婿。秦二世二年（前208），秦将章邯灭掉陈胜、打败吕臣军，大有荡平起义军之势。英布引兵北上，攻打秦左右校，在清波（今河南新蔡西南）大获全胜，打击了秦军的嚣张气焰。这时，项梁已平定江东、会稽，正渡江向西，声势浩大，各地将领相继归附，英布也率兵投靠了他。

在项梁帐下，英布冲锋陷阵，勇冠全军。后来，项梁立熊心为楚怀王，自号武信君，拜英布为当阳君。不久，项梁在定陶战死，楚怀王迁都彭城，英布与诸将共保彭城。在秦军围攻赵时，赵向楚求救，楚怀王任命宋义为上将，项羽为次将，范增为末将，英布、蒲将军等为将军，带兵北上救赵。宋义途中畏惧不前，被项羽杀死，楚怀王改立项羽为上将军，诸将皆归项羽指挥。项羽命英布率两万人为先锋，渡河击秦。英布屡挫秦将章邯，截断秦军粮道，项羽随后率众渡河，一举歼灭秦军主力，收降章邯等人。

项羽乘胜西进，欲取关中。行至新安，项羽令英布等夜间坑杀秦军降卒 20 余万人。至函谷关时，刘邦早已派兵据关封路，项羽又派英布率兵从间道破关而入，攻到咸阳。项羽入关后，分封诸侯，立英布为九江王，都六安。

汉高祖元年（前 206）四月，各路诸侯离开戏下，自去封国赴任。项羽改立楚怀王为义帝，迁都长沙，暗中却令英布在路上杀之。八月，英布派人追到郴县杀了义帝。

第二年，齐王田荣反叛。项羽出兵攻齐，向英布征兵。此时，有了封国的英布已经不再将项羽放在眼里，更不想听任项羽的摆布，便托病不去，只派将领率 4000 人随征，项羽因此记恨英布。不久，在刘邦乘项羽攻齐之机，率诸侯兵 56 万人围攻彭城时，英布又称病不救，坐视彭城陷落。

英布所为激怒了项羽，项羽数次公开遣使责备英布，英布更不想见项羽。由于项羽忙着与刘邦对垒，处境孤立，也就无暇收拾英布。

汉高祖三年（前 204），刘邦兵败彭城，退至虞城，对左右慨叹说："像你们这帮家伙，实在不值得共商天下大事。"谋士隋何问其故，刘邦解释说："如果有人能替我出使九江，说服九江王英布发兵背叛楚国，将项王牵制在齐地几个月，我便可稳获天下了。"隋何便毛遂自荐，去做说客。

见到英布后，隋何说："汉王派我来给大王送信。我很诧异，您为何与楚那么亲近？"英布说："我一向以臣礼服事项王。"隋何抓住英布的话，质问道："项王伐齐，亲为士卒先锋，您却只发4000兵助阵，难道这是臣礼吗？汉王攻打楚国彭城，您却袖手旁观，不肯派一兵一卒，这是应当做的吗？您之所以不背叛楚国，无非是因为汉弱楚强，可是项羽违背盟约，杀害义帝，天下都以不义责备他，楚军是靠不住的。大王若发兵背叛楚国，项王必会滞留在齐国数月，这样汉取天下就十拿九稳了。我恳请大王您归附汉王，汉王定会划地分封您为王，何止区区的九江之地，至于淮南更为大王所有！"英布权衡利弊后，答应叛楚归汉，但又不敢泄露风声。

正巧，项羽又遣使来九江急催英布发兵救援。隋何当场对楚使者说："九江王已归附汉王，楚凭什么让他发兵？"英布愕然。楚使者也大吃一惊，起身要走。隋何趁势劝说英布："大王归汉已成事实，应当立即杀掉楚使者，不让他回去报信。同时尽快与汉联手。"英布已无退路，便杀死楚使者，起兵反楚。

项羽闻讯大怒，派项声、龙且率兵攻打九江。数月后，龙且大破英布军，攻占九江，英布与隋何从小路逃往汉地。英布到后，汉王刘邦无任何欢迎表示，边洗脚边召见英布。英布见状大怒，后悔归汉。但当他走进自己的帐舍，见陈设、饮食、随从与汉主的待遇一样，又大喜过望。随后派人到九江收罗旧部，得知项伯已收编了九江军队，杀了英布的妻子儿女，英布的使者只找到少数故旧部将，率领几千人来投奔汉王。刘邦又增拨一些军队给英布，跟随汉军北上至成皋。汉高祖四年（前203）七月，刘邦立英布为淮南王，都六安，统九江、庐江、衡山、豫章诸郡。

第二年，英布率兵入九江，攻占数城。转年，又与刘贾一道再入九江，诱大司马周殷反楚，与韩信等联合攻楚，在垓下大破项羽军，项羽自杀，楚汉战争结束。

汉高祖十一年（前196）春，刘邦在剪除异姓王的行动中杀淮阴侯韩信，引起了英布的惊慌。同年夏，刘邦又诛梁王彭越，并将彭越的尸体剁成肉酱遍赐王侯。英布接到彭越的肉酱，惊恐万分，预感大祸将临头，于是暗中聚合部队，随时注意邻郡的动静。

这时，英布的一个宠姬病了，送去就医。医家与中大夫贲赫对门。因英布宠姬常去就医，贲赫趁机向宠姬大献殷勤，厚礼馈赠，并与她在医家一同饮酒，想走夫人路线讨好英布。宠姬回来后，把相交情形告诉英布，并称赞贲赫是温厚长者。英布不信，怀疑她与贲赫私通。贲赫得知后大恐，英布召贲赫，贲赫称病不去。英布大怒，欲捕贲赫。贲赫逃亡到长安，上书称英布已有谋反迹象，建议刘邦除掉英布。

刘邦看后与丞相萧何商量，萧何认为英布恐怕是被仇家诬陷，提出先拘捕贲赫，再暗中派人察访验证。英布见贲赫逃走，估计他去告密自己暗中布置之事，再加上汉朝使者前来查验，便杀了贲赫全家，起兵反叛。

事发后，滕公夏侯婴请教前楚国令尹薛公。薛公说："前年杀韩信，去年杀彭越，这三人功劳相当，可谓三位一体。前两个相继被杀，英布自知杀身之祸随时会降到自己头上，造反是很自然的事。"滕公于是向刘邦举荐薛公，薛公为刘邦分析了形势，指出："英布出身骊山刑徒，历经奋斗乃成万乘之主，所作所为只为自身，而不为百姓谋福，不为后代子孙考虑。如今但求自保，必选下策，皇上可高枕无忧。"刘邦深感欣慰，封薛公为千户，自己亲率大军讨伐英布。

英布以为，刘邦已老，又厌战，不会亲征；韩信、彭越已死，无人可与他抗衡。于是，英布就如薛公所说搬出下策：东击杀荆王刘贾，尽得其兵。继而渡淮河击破楚，西与刘邦相遇于蕲西（今安徽宿州南）。

刘邦固守庸城，看见英布的军队列阵如项羽之军，非常厌恶。与英布遥望相见，刘邦问道："何苦而反？"英布说："欲为帝耳。"刘邦挥军与英布大战，英布败走，渡过淮河。随后，英布屡战皆不利，只能逃走。待逃到长江以南时，英布麾下仅剩百余人。就在这时，英布故丈人吴芮之孙、长沙王吴派人欺骗英布，请他去避难。英布信以为真，未料，在番阳兹乡一农户家中被杀害。

陈平相业定何如，应对知君智有余。

不佐汉兴三代业，区区心事六奇书。

——〔宋〕胡宏《陈平》

陈平妙计迭出

张良以外，汉初最著名的谋臣就是陈平（？—前178），人称陈平"计秘，世莫能闻也"。

陈平是阳武（今河南原阳东南）户牖乡人，少时家贫，却好读书。家里有30亩田，哥哥独立耕种，支持陈平专心游学。可是，陈平的嫂嫂却抱怨说："有这样的小叔子，不如无有。"陈平哥哥听了，气愤休妻。

陈平到成婚的年龄时，高不成低不就。当地富户张负的孙女先后五次出嫁，丈夫都死了，没有人敢娶她，而陈平却想娶她为妻。后来，张负在一次葬礼上结识了陈平，随他来访陈家，看到他家住在穷巷，敝席为门，而门外却有很多贵人留下的车辙。张负认为陈平不会长期贫贱，便把孙女嫁给了陈平，陈平也从张家得到了一些资助。

有一年，乡里举办社祭，推举陈平为社宰，主持祭社神，为大家分肉。陈平把肉分得十分均匀。父老赞之，他却感慨地说：

"使平得宰天下，亦如是肉矣！"

陈胜、吴广起义后，部将周市攻占魏地，立魏咎为魏王。陈平辞别哥哥，前往临济投奔魏王。魏王任命陈平为太仆。陈平数次进谏，魏王不听，又有人进谗言。陈平不辞而别，转而投奔项羽，但是又得不到项羽的重视，郁郁不得志。他在鸿门宴上见到了刘邦，认为刘邦将来必成大器，所以出面帮助刘邦逃离了那场鸿门宴。

刘邦夺取三秦后，挥师东进，殷王司马卬反楚归汉。项羽拜陈平为信武君，领兵进攻殷王，收降了殷王。项羽嘉奖陈平，赐金20镒，拜为都尉。汉高祖二年（前205）春，刘邦再攻殷王，司马卬再次背楚降汉，项羽迁怒于陈平。陈平怕了，挂印封金而去，投奔了刘邦。刘邦设宴招待他，两人谈得投机，陈平这匹千里马也终于遇到了伯乐。刘邦拜陈平为都尉，此后，便成为刘邦安邦定国的随驾高参。

同年，陈平随刘邦攻占彭城。项羽自齐回救，刘邦惨败，被项羽困于荥阳，请求项羽以荥阳为界，项羽不应。陈平提议对楚军行反间之计。他了解项羽，所以分析说："项王为人猜忌信谗。其得力之臣，不过范增、钟离昧、龙且、周殷等数人。如能出数万金，离间楚君臣，然后举兵攻之，破楚必矣。"刘邦拨给陈平黄金4万斤，陈平买通楚军的一些将领，散布谣言说："项王麾下，范亚父和钟离昧的功劳最大，但却不能裂土称王。他们心中不满，已经和汉王约好了，联手消灭项羽，分占项羽的国土。"谣言如期传到霸王的耳朵里，果然对钟离眛等人生了疑心，以后有大事都不与钟离眛商量了，甚至也怀疑范增私通汉王。项羽遣使访汉，陈平乘机以太宰规格接待楚使，并附耳低声询问："亚父范增有什么吩咐?"使者不解地问道："我们是霸王派来的，不是亚父派来的。"陈平一听，故作吃惊地说："我们以为是亚父派来的人呢!"随即叫人撤去上等酒席，把使者领到另一间简陋客房，改用粗茶淡饭招待。楚使回去后，报告给项羽，项羽更增加了对范增的疑心。范增再有建议，项羽便不再听从了。几天后，范增也知道了项羽怀疑他私通汉王，就气愤地对项羽说："天下大势已定了，希望大王好自为之吧。我年岁大了，身体又不好，请大王准我回家养老!"项羽竟然也未挽留就痛快地答应了，范增回乡途中，越想越气，发病而死。项羽手下最重要的谋臣，就这样被陈平略施小计给除掉了。

汉高祖四年（前203）五月，项羽猛攻荥阳，形势十分危急。陈平献瞒天过海之计，安排纪信将军化装成汉王出去诈降，先差遣2000名妇女，一批一批地从东门出去，吸引敌兵集中到东门，然后汉王带着陈平、张良、樊哙等数十骑从西门杀开一条血路，突围而去。

刘邦登基后，封韩信为楚王。不久，有人告发韩信谋反。这时，张良已经借口有病而隐退了。刘邦便向陈平问计，陈平说："古时，天子常常出巡全国各地，会见各路诸侯。南方有一个地方叫云梦泽。陛下可以装作出游云梦泽。陈州在楚地西界，韩信听说天子出游，到了他的地盘上，当然会来谒见。他谒见的时候，您便把他抓起来。这样就不用派兵，只需一个武士就足够了。"

刘邦依计行事，韩信果然前来迎接，刘邦便将韩信轻松逮捕，投入囚车。后来又把韩信贬为淮阴侯，留居京城，再后来韩信就被吕后杀了。

汉高祖五年（前202）冬，韩王信投降匈奴，勾结匈奴大举南犯。刘邦统兵32万亲征，北行进到平城（今山西大同东北）时，被匈奴冒顿单于率40万精锐骑兵包围于白登山（今大同东北）。当时天寒地冻，雨雪不断，汉军饥寒交迫，危在旦夕。被围到第7天时，陈平心生妙计，暗地遣使匈奴，重金贿赂单于王后阏氏，并说：刘邦已准备把国中的第一美人献给单于，以便求和。阏氏怕单于得汉美女，自己失宠，便急劝单于解除包围。第二天，单于便传令撤兵了。由此，刘邦又借助陈平的妙计，逃出匈奴重围，一场大难消散于无形之中。

解围之后，刘邦加封陈平为曲逆侯，尽享封地内各户的赋税收入，取消以前所封的户牖乡。陈平六出奇计，屡解刘邦之围，六次获封，成就了自己。同样，陈平的"谋"，也是他的护身符，确保自己能在复杂多变的政治环境中免于祸，且善始善终。

汉高祖刘邦在出兵讨伐英布时受伤，回长安后卧床不起，有人诽谤樊哙，称其勾结吕后，待刘邦死后打算尽杀刘邦的宠姬戚夫人和其子赵王如意（刘邦第三子）等人。刘邦听罢大怒，说："樊哙见我生病，就希望我死。"于是派陈平、周勃去杀樊哙，要求带樊哙人头来见。此时的樊哙正以相国身份在外讨伐叛乱的燕王卢绾。

樊哙是开国元勋，虽然早期是个屠夫，但是在参加沛县起义后，因骁勇善战，屡建战功，成为刘邦麾下一员勇猛战将。之后又娶了吕雉的妹妹吕嬃，生有一子，与刘邦的关系更加亲近，同时也深得刘邦和吕雉信任。陈平是个聪明人，他了解刘邦，也了解樊哙和吕后。因此，在受命讨杀樊哙的路上对周勃说："樊哙是皇帝忠诚老部下，不仅劳苦功高，又是皇亲国戚，现在皇上在气头上做的决定，日后若反悔了怎么办呢？"周勃一听，也没了主意。陈平不仅担心皇帝日后反悔，也担心吕后不会放过自己，因此决定"宁囚而致上，上自诛之"，也就是捉拿樊哙回长安，杀不杀再由刘邦自己决定。随后，陈平、周勃没费周折，在樊哙毫无防备之时将其关进囚车，由陈平押送回长安，周勃则留在军中继续平定燕王卢绾叛军。

在陈平押着樊哙返回长安的路上，传来刘邦驾崩的消息，于是他快马加鞭，赶回长安驰至皇宫，跪在刘邦的灵位前放声哭诉："陛下您让我去处决樊哙，可是我不敢随意处置，就把他押回了长安，正等着听候您的处理呢。"吕后听罢没有任何责备之意，还安慰陈平说："辛苦了，回去休息吧。"就这样，陈平保全了自己也保全了樊哙。吕后恢复樊哙的爵位，同时继续重用陈平。

汉惠帝五年（前190），相国曹参去世，安国侯王陵升任右丞相，陈平为左丞相。惠帝死后，吕后想封诸吕氏为王，问王陵意见。王陵引出刘邦遗旨说："非刘氏而王，天下共击之。今王吕氏，非约也。"吕后大怒，又问陈平，陈平是左右逢源、懂得见机行事之人，故回答说："高帝定天下，封子弟为王。今太后称制，封诸吕为王，无所不可。"吕后很高兴。随后，改任王陵为太傅，升陈平为右丞相。但是，吕后去世后，陈平立即与太尉周勃合谋，诛杀吕氏宗族，拥立汉文帝，再任左丞相和右丞相。汉文帝二年（前178），陈平去世，谥为"献侯"。

颇似楚汉时，翻覆无定止。

朝过博浪沙，暮入淮阴市。

张良未遇韩信贫，刘项存亡在两臣。

暂到下邳受兵略，来投漂母作主人。

——〔唐〕李白《猛虎行》

韩信决胜千里

韩信是西汉王朝的开国功臣，也是中国历史上一位伟大的军事家和军事统帅。作为军事家，他被称为继孙武之后中国战争史上最善于灵活用兵的将领，他指挥过的经典战役包括暗度陈仓、井陉之战、潍水之战、垓下之战等等，在中国军事史上留下了一篇篇令人拍案叫绝的精彩篇章。作为军事统帅，他率军出陈仓、定三秦、平魏、破代、灭赵、降燕、伐齐，直至垓下全歼楚军，战无不胜，天下莫敢与之争。其用兵之道为历代兵家所推崇，后人誉之为"兵仙"。

韩信（？—前196）是淮阴人。小时候家贫，父母早亡，贫困的少年韩信四处流浪乞食。为了充饥，韩信经常到城下河畔钓鱼，但所获常不能果腹。一位漂母见韩信饥饿，便把自己带来的饭分给他吃，一连数十日都如此。韩信感激地说："我将来一定重金报答您。"漂母听了非常不屑，斥责说："大丈夫不能自食，我不过是可怜你而已，岂望报乎!"韩信听了，深感惭愧。

韩信身材高大，平常总是佩带刀剑，却到处要饭。淮阴城里一位少年屠户很看不起他，当众侮辱他说："不怕死，刺我。怕死，出我胯下。"韩信强压怒火，慢慢低下身来，从那人的胯裆下爬了过去。围观的人都耻笑他，认为韩信是个怯懦之人。

陈胜、吴广起义后，韩信投奔项梁，项梁败死后，他又跟随项羽。其间，韩信多次献计，项羽均不采纳。刘邦受封入蜀后，韩信离楚参加汉军，意外得到夏侯婴的赏识，他觉得韩信是个人才，就推荐给刘邦。但是，刘邦并未因此重视韩信，只是让他做了治粟都尉，也就是一个管理粮饷的小官。

通过工作关系，韩信结识了萧何，萧何十分赏识他。但是，他依然得不到刘邦的重用，失望之下，韩信在某个傍晚挂印而去，不辞而别。萧何听说后，来不及向刘邦报告，便单人匹马星夜追赶韩信。但是，军中人不清楚萧何深夜的去向，就报告刘邦说："丞相萧何逃跑了。"刘邦大为震惊，急忙派人追踪。大概过了一两天，萧何回来，刘邦又气又喜，责问萧何才知，他是去追韩信了。刘邦又骂道："从长安到达南郑，一路上有数十位将领逃去，你一个也没去追，怎么倒去追韩信？胡说八道！"

萧何郑重地说："诸将易得，而韩信却是天下无双的人才。您如果要久居汉中，那么韩信没有什么用处；但是您如果要想夺取天下，那就非用韩信不可。"萧何如此郑重推荐，让刘邦不得不重视韩信，于是，在萧何的建议下，刘邦又同意"择良日，斋戒，设坛场，具礼"，以隆重的仪式正式拜韩信为大将。

登坛拜将后，刘邦问韩信有何安邦定国之策。韩信反问道："大王认为与您争天下的项羽如何？论兵力的英勇、强悍、精良，您与项羽比谁高谁下？"刘邦沉默良久，自认为不如项王。韩信认同地说："不仅大王，就连我也觉得您不如项王。不过，我曾经追随过项王，对项王的为人略知一二。项王一声怒喝，会吓得千人胆战腿软，可是他不能放手任用贤将，徒有匹夫之勇。项王待人慈爱，言语文明，他人生病时会同情落泪，还把自己的饮食分给部下。可是部下有功应当封爵时，他却宁可把官印的棱角都磨光滑了也舍不得给人家，其徒有妇人之仁。项王独霸天下而使诸侯称臣，却不居关中而都彭城，又违背义帝之约，只给自己的亲信封王，诸侯对此忿忿不平。项羽军队所过之处，无不惨遭蹂躏残害，天怒人怨，百姓只是被迫屈服在他的淫威之下。名义上虽为天下的领袖，实质上失去了民心，所以他的强大缺乏民众基础，很容易由强转弱！大王如能反其道而行之，任用天下武勇之人，何愁敌人不灭！把天下的土地分封给功臣，何愁他们不臣服！况且三秦的封王章邯、董翳、司马欣本为秦将，却欺骗部下投降了项羽，导致秦降卒20余万人被项羽坑杀，唯独他们三人得脱，秦人对这三人恨之入骨。项羽以武力强封这三人为王，秦国百姓都不拥戴他们。而您入关时，秋毫无犯，废除秦朝的残酷刑法，与秦民约法三章，百姓都拥戴您在关中为王。如果大王起兵向东、进攻三秦，只要号令一声即可收服。"

韩信的这番分析，实则已为刘邦制定了东征夺天下的方略。刘邦听后大喜，自以为得韩信太晚，从此对韩信言听计从，并开始准备出兵夺取天下。

楚汉战争爆发后，韩信为大将，以曹参、樊哙为先锋，采取明修栈道、暗度陈仓之计，派樊哙、周勃率军大张旗鼓地抢修秦岭栈道，吸引三秦王的注意力，韩信则亲率军队潜出秦岭古道，袭击陈仓。章邯从废丘仓促率军驰援陈仓，被汉军击败。尔后，汉军分兵略地，迅速占领关中大部，平定三秦，取得了对楚的初战胜利。

汉高祖二年（前205），刘邦率汉军出关，收服魏王豹、河南王申阳、韩王郑昌，其间，殷王司马卬降汉。联合齐王田荣、赵王歇共同击楚，四月攻占彭城，项羽回救，汉军大败，死伤20余万。刘邦率数十骑突围，逃至荥阳。在刘邦大败之际，韩信带着从关外收罗溃败之军与刘邦在荥阳会师，阻击项羽追兵，稳定了战局，使汉军得以喘息、重整旗鼓。

刘邦兵败彭城后，塞王司马欣、翟王董翳叛汉降楚，齐王田荣和赵王歇也与项羽媾和。六月，魏王豹回到封国后，叛汉与楚约和，封锁了黄河渡口临晋关，截断刘邦与关中的联系。魏王占据今山西南部，扼守临晋关，西向可取关中，东向可使刘邦腹背受敌，对汉军威胁极大。刘邦派郦食其说服魏王豹不成，八月任命韩信为左丞相率兵击魏。

魏王重兵布守黄河东岸的蒲坂，封锁临晋关渡口。韩信采用声东击西、避实就虚的战术，故意多设疑兵，陈列船只，假意要强渡临晋关，实际却从夏阳以木盆、木桶代船悄然渡过黄河，袭击魏都安邑。魏王豹大惊，仓皇迎战，战败被俘。韩信一举平定了魏国后，改魏为河东郡。

接着，韩信北击代王陈馀，破代。把收编的魏、代降卒以及自己的精兵送到荥阳前线，增强正面战场的力量，以助刘邦恢复元气。

汉高祖三年（前204）十月，韩信提出"北举燕、赵，东击齐，南绝楚粮道，西与大王会于荥阳"的作战方略。刘邦拨给韩信3万名新近招募的士兵，与张耳会师，越过太行山，攻击赵国（今河北赵县），开辟北方战场。赵以20万大军扼守井陉口（今河北井陉东），准备与韩信决战。

井陉口是太行山有名的八大隘口之一，就是如今河北获鹿西十里的土门关。隘口以西，有一条长约几十公里的狭窄驿道，易守难攻，不利于大部队的行动。当时赵军先期派重兵扼守住井陉口，居高临下，以逸待劳，处于优势地位。而韩信只有3万多新募兵，加之千里行军，身体疲乏，补给困难，明显处于劣势地位。但是，这一切都未能难倒韩信。

韩信进兵至井陉口30里后，扎下营寨。半夜时分，迅速实施作战部署：一方面派出2000名轻骑，每人手持一面汉军的红旗，走偏僻小路迂回到赵军大营侧翼的抱犊寨山（今河北井陉北）潜伏下来，准备乘隙袭占赵营，断敌归路；另一方面派出1万先锋，乘夜深人静越过井陉口，到绵蔓水（今河北井陉境内）东岸背靠河水列阵，用以迷惑和吸引赵军，助长其轻敌情绪。一切部署甫定，东方微亮，决战的时刻也悄然来临。

天亮之后，赵军望见汉军背水列阵，认为韩信如此置兵于"死地"犯了兵家之大忌，根本不懂兵法，于是对汉军更加轻视。

接着，韩信亲自领兵出战，赵军出营迎击。厮杀了一阵之后，韩信佯败，丢旗弃鼓，向绵蔓水方向后撤，与事先在那里背水列阵的部队会合。赵军倾巢出动追击，企图一举全歼汉军。埋伏在赵营侧翼的两千汉军轻骑迅速出击，乘机袭占了空虚的赵营，拔下赵军旗帜，插上汉军的红旗。而河边的汉军前有强敌，后有水阻，深知无路可退，自然人人拼死战斗，勇猛异常。

赵军见取胜无望，准备退回营寨，回头却见大本营到处都是汉军的旗帜，搞不清有多少汉军，还以为赵王被俘了，顿时阵脚大乱，四散溃逃。汉军前后夹击，追至泜水（今河北省槐河），全歼赵军，生俘赵王歇，斩赵军主帅成安君陈馀。这就是著名的井陉口之战，韩信以少胜多，智取了赵国。

经此一战，韩信还收降了赵军的重要谋士李左车。李左车献计"和平取燕"。韩信从其策，遣使游说，未发一兵一卒，燕国望风归降。韩信上报刘邦，请求立张耳为赵王，镇抚赵国，安定赵地，刘邦封张耳为赵王。半年之后，汉高祖四年（前203）六月，刘邦忽然轻装简从，从成皋向东渡过黄河，一大早带着夏侯婴跑到了修武的张耳军营中。当时张耳、韩信还没起床，刘邦径直进入中军大帐，收走了他们的印信兵符。张耳、韩信起床后，才得知汉王来过，不禁大惊失色。刘邦收调两人军队中的部分官兵，命令张耳留守赵地，任命韩信为相国。同时，指示韩信收集刘邦挑选剩下的、没有调到荥阳的赵兵去攻打齐国。

十月，韩信乘齐守备懈怠，率军一举破袭齐国历下（今山东济南东南），攻占了齐国的都城临淄。齐王田广逃亡到高密，派人向楚求救。项羽遣大将龙且率大军 20 万救齐。十一月，齐、楚联军 40 万与汉军对峙于潍水（今山东安丘东之潍河）两岸。

有人劝龙且坚壁清野，迫使汉军"无战而降"。但是，龙且自恃兵多将广，傲慢地说："吾平生知韩信为人，易与耳。且夫救齐不战而降之，吾何功？今战而胜之，齐之半可得，何为止？"

韩信遣人连夜赶做了 1 万多个袋子，装满沙土，截断潍水的水流，然后率领一半部队渡河去袭击龙且，随即假装战败，往回奔逃。龙且得意地说："我就知道韩信胆小如鼠！"于是渡潍水追击韩信。龙且军刚渡近半，韩信命人决开塞河的沙袋，洪水奔流而下，龙且的军队被激流拦腰截成两半，将士恐慌，军心动摇。韩信挥师猛烈截杀，斩杀了龙且。东岸未渡河的齐楚联军见西岸军被歼，惊恐万分，四散溃逃。韩信率军迅速渡水，乘胜追击，至城阳全歼楚军，俘虏了齐王田广和守将田光，平定了齐地。

韩信连下魏、代、赵、燕、齐之后，派人上书刘邦邀赏说："齐国狡诈多变，是个反复无常的国家，南边又与楚相邻，如不设立一个代理王来统治，局势难以安定。我希望做代理齐王，这样对形势有利。"

当时，刘邦被项羽围困在荥阳，情势危急。刘邦看了韩信的上书十分恼怒，大骂韩信："不救荥阳之急，竟想自立为王！"张良、陈平急忙低声提醒说："汉军处境不利，无力禁止韩信称王。不如就此机会立他为王，善待他，使他自守一方，否则可能发生变乱。"刘邦听罢立即改口骂道："大丈夫定诸侯，即为真王耳，何以假为！"于是派张良去封韩信为齐王，同时征调他的部队来攻打楚军。

汉高祖五年（前202）八月，项羽、刘邦订立和约，以鸿沟为界。十月，刘邦采纳张良、陈平的建议，对项羽发动战略追击。指示韩信从齐地、彭越从梁地南下合围楚军。此时的韩信、彭越都不想随意听从刘邦的指挥，所以都按兵不动。刘邦追击楚军至固陵（今河南太康南），楚军反击，刘邦大败而归。

为调动韩信、彭越，刘邦听从张良之谋，划陈以东至海岸地区为齐王韩信封地；封彭越为梁王，划睢阳以北至谷城（今山东平阴东阿）为其封地；任命韩信指挥对楚决战。得到封地之后，韩信才亲率30万大军从齐地南下，占领楚都彭城和今苏北、皖北、豫东等广大地区，兵锋直指楚军侧背；彭越也从梁地西进攻楚。汉将刘贾会同九江王英布从下城父北上；刘邦则率部出固陵东进。汉军从南、北、西三面形成合围楚军之势，项羽被迫退守垓下。

当时，项羽所剩兵力约10万人。汉军以韩信居第一线，刘邦在后为第二线，周勃、柴将军在第三线。战斗开始，韩信佯败，项羽追击；汉军伏兵从两侧夹击，楚军失利。韩信又立即杀了个回马枪，大败楚军。楚军退入壁垒坚守，陷入汉军重围。楚军屡战不胜，兵疲食尽。韩信命汉军士卒夜唱楚歌，致使楚军思乡厌战，军心瓦解。项羽见大势已去，乘夜率800骑突围南逃。刘邦遣灌婴率5000骑兵追击。项羽迷路，被汉军追至乌江，兵败自刎，楚汉战争结束。

楚汉战争一结束，刘邦立即夺了齐王韩信的兵权，改封他为楚王，以下邳为封国之都。韩信到下邳后，找到当年的漂母，馈赠千金，报答赐食之恩；又召见曾经让他受胯下之辱的屠户，封为中尉，并告诉诸将说："这位壮士，他当初侮辱我时，我即使杀了他，也不会扬名，所以就忍了下来，这才有了我今天的成就。"

遗憾的是，韩信虽然驰骋沙场、百战不殆，但是在权力斗争中，韩信依然如同当年那个只知身佩刀剑、忍让狂妄屠户的少年一般无二。只是，这一次忍让令他成为待宰的羔羊。

汉高祖六年（前201），有人诬告韩信谋反。刘邦用陈平之计伪游云梦，智擒韩信。韩信恍然大悟道："果如人言，'狡兔死，良狗烹；高鸟尽，良弓藏；敌国破，谋臣亡。'天下已定，我固当烹！"刘邦把韩信押回洛阳，贬为淮阴侯。但是，刘邦并不让他去淮阴，而是把他软禁在长安。

一次，刘邦与韩信讨论诸将带兵的能力。刘邦问："像我能带多少兵？"韩信说："陛下能将10万。"刘邦说："那么你呢？"韩信说："臣多多而益善耳。"刘邦笑道："多多益善，怎么会被我擒获？"韩信答："陛下不能将兵，善将将，此乃信之所以为陛下擒也。"

汉高祖十一年（前196）正月，韩信的舍人诬告说，韩信与叛将陈豨合谋造反。吕后与萧何诈称刘邦已诛陈豨，劝诱韩信入宫祝贺。韩信一进长乐宫，立即被吕后埋伏的武士绑起来，被拉到旁边的钟室里斩杀。随后，韩信的父、母、妻三族，数千无辜也被诛杀，血染长安。那一年，韩信年仅33岁。

司马光在《资治通鉴·汉纪》中评价韩信说："世或以韩信首建大策，与高祖起汉中，定三秦，遂分兵以北，擒魏，取代，破赵，胁燕，东击齐而有之，南灭楚垓下，汉之所以得天下者，大抵皆信之功也。"

顺便提一下，韩信虽然一生短暂，但是与他有关、流传后世的成语、名句却极多，比如：战无不胜；国士无双；一饭千金；韩信将兵，多多益善；四面楚歌；十面埋伏；沉沙决水，半渡而击；背水一战；拔帜易帜；置之死地而后生；明修栈道，暗度陈仓；兵仙神帅；胯下之辱；解衣推食；居常鞅鞅；功高震主；萧何月下追韩信；汉中高对；独当一面；略不世出；不赏之功；匹夫之勇；妇人之仁；推陈出新；百战百胜；勋冠三杰；伐功矜能；鸟尽弓藏；兔死狗烹；伪游云梦；乘人之车者载人之患，衣人之衣者怀人之忧，食人之食者死人之事；愚者千虑，必有一得；智者千虑，必有一失；人心难测；钟室之祸；等等。

泻水置平地，各自东西南北流。

人生亦有命，安能行叹复坐愁？

酌酒以自宽，举杯断绝歌路难。

心非木石岂无感？吞声踟蹰不敢言。

——〔南朝〕鲍照《拟行路难》

游击将军彭越

彭越与韩信、英布并称汉初三大名将，也是西汉王朝的开国功臣，更是世界战争史上第一个使用游击战术的军事家。楚汉战争中，他率部在楚军的后方开展游击战，迫使项羽两面作战疲于应付，粮食难以补给，使刘邦的前线汉军获得喘息之机，及至韩信千里包抄，致使疲惫的项羽一败涂地。

彭越（？—前196），字仲，昌邑（今山东巨野南）人。少年时代的彭越在巨野泽以捕鱼为生，曾聚集一些少年渔民纵横湖泽为强盗。陈胜起义反秦后，彭越的少年同伙鼓动彭越也起兵造反。彭越却说"两龙方斗，且待之"。

一年后，巨野泽中的百余名青年人相聚，再次请求彭越率众举事，彭越同意了，相约次日日出时会齐，迟到者斩。届时，有10多人迟到，最后1人中午才到。彭越说："你们再三恳求我做你们的首领，就要听从我的决定，约好的时间多人迟到，不能都杀，只杀最后迟到的那人。"众人笑道："何必这样？以后不敢就是了。"彭越却拉出最后到达的人杀了，设立土坛用人头祭祀，以示号令严明。众人大为震惊，不敢仰视彭越。随后，彭越率领这支队伍攻城略地，收罗诸侯散兵，很快发展到1000多人。

刘邦起义之初，从砀北打到昌邑时，彭越曾率军前去援助。刘邦没攻下昌邑，便带兵绕道西进，彭越则继续留在巨野泽中，占山为王。项羽分封天下诸侯，彭越在其列。当时，彭越已经收编魏地散兵1万多人，成为割据一方的独立军阀。

汉高祖元年（前206）秋，齐王田荣起兵反叛项羽，派人持将军印信找彭越，要他南下攻打楚国。项羽闻讯后，派萧公角率兵攻打彭越，彭越大败楚军。次年春，汉王刘邦率魏王豹及各路诸侯联合发兵56万攻楚，彭越率3万多人归附刘邦。彭越在攻下魏地10多个城邑后，被封为魏国相国，刘邦令其进攻梁地。

刘邦兵败彭城后，彭越攻下的城池也得而复失，率军退守于黄河北岸。汉高祖三年（前204），彭越率军往来出没，以游击战攻楚军，在梁地断绝楚军的粮草补给。次年冬，项羽与刘邦在荥阳相持不下，彭越乘机攻占睢阳、外黄等17座城邑，在下邳大败楚将项声、薛公。项羽被迫放弃对刘邦的包围，留曹咎坚守成皋，自己亲率军队去收复失地。刘邦乘机北走，重整旗鼓。

汉高祖五年（前202）秋，彭越又攻占了昌邑四周20多个城邑，得10余万斛谷物，供给刘邦做军粮。项羽再攻彭越，刘邦乘机大败曹咎，收复成皋。项羽又回军攻刘邦。彭越则在梁地游击楚兵，绝其粮运，被动的项羽被迫东征西战，疲于奔命。加之韩信已攻占齐，对楚军形成包围之势。项羽无奈与汉王约分天下。

而后，刘邦单方面撕毁停战协议，追击项羽到阳夏，却被项羽击败。

刘邦派使者召彭越前来援助，合力击楚。彭越以魏地初定，恐楚国来报复为由拒绝出兵。

刘邦正为彭越、英布、韩信在紧要关头不肯参战发愁时，张良说，"当初齐王韩信自立，非您本意，韩信也不放心。彭越平定梁地有功，却只因魏豹的缘故才拜为魏相国。现在魏豹已死且无后嗣，彭越也想为王。您可向他们许诺：打败项羽后，封彭越为王，辖睢阳以北至毂城；齐王韩信可得陈县以东至沿海的土地。如此安排，二人马上就会率军赶来。否则，战事就难以预料了。"刘邦当即依计行事派人去见彭越和韩信。彭越得到刘邦许诺后随即率军赶来，会战垓下，大破楚军，项羽自尽。战后，刘邦立彭越为梁王，封国治所设在定陶。

汉高祖十年（前 197）秋，赵相国陈豨在代地谋反，汉高祖刘邦自往平定，兵到邯郸后，召梁王彭越率兵出征。彭越称病不去，只派手下将领带兵去邯郸。刘邦大怒，派人去责备彭越。彭越害怕了，想亲自前往谢罪。他的部将扈辄劝说道："您起初不去，现在被责备了才去，去了就会被捉拿，还不如起兵反叛。"彭越不听，但也不敢去见刘邦，只能继续装病。这时，彭越手下的太仆出了差错，彭越恼怒想杀掉他，太仆连夜逃到刘邦那里，告发彭越与部将扈辄密谋要造反。刘邦立刻派人去逮捕了彭越，囚于洛阳，认定谋反罪行。但是，刘邦念其有功，赦免了他，贬为庶民，决定将其流放到蜀郡青衣县。

在去往流放地的途中，路遇从长安来洛阳的吕后。彭越向吕后哭诉自己无罪，请求回故乡昌邑。吕后满口应承，并把彭越带到了洛阳。见到刘邦，吕后说："彭越是一条好汉，如果把他流放到蜀地，无异留下了后患，应立即把他杀了。"随后，吕后又指使彭越的家臣诬告他再次谋反。负责审案的廷尉王恬开奏请诛灭彭越家族，刘邦批准了。于是，彭越全族被杀，彭越本人被处以醢刑（古代的酷刑，即被剁成肉酱），彭越的尸块被分赐给各地的诸侯王，以儆效尤。

父识英雄婿沛公，家因骄横血兵锋。

始知善相元非善，不是兴宗是覆宗。

——〔宋〕徐钧《吕后》

吕后干政

刘邦去世后，皇后吕雉（前241—前180）脱颖而出，成为中国历史上第一位把持朝政的女强人。吕雉性格刚毅，残忍有韬略，开中国历史上外戚专权的先河。

吕雉是单父县人，早年随父亲迁居沛县，被父亲许给了当时穷困低微的地方小吏刘邦。初嫁刘邦时，吕雉是一位贤惠的民妇，生活虽然困窘，却努力从事农桑针织，生育儿女，孝顺公婆，过着自食其力的百姓生活。后来，刘邦落草为寇，吕雉独自支撑家庭，还时常长途跋涉进山，为丈夫送去衣物及食品。因为刘邦属于弃职亡命，所以吕雉受到连累被官府关进大牢，历经磨难，后由萧何多方周旋才获救出狱。之后，吕雉跟随刘邦转战沙场，在颠沛流离中历经着战争的残酷与险难。

公元前205年，刘邦在彭城之战中大败，吕雉被项羽扣为人质长达两年之久，直至楚汉罢兵言和之时，吕雉才被放归，回到刘邦身边。在被扣押的日子里，项羽曾把吕雉押到两军阵前，以烹杀吕雉威胁刘邦，刘邦却笑嘻嘻地说："你爱杀就杀，悉听尊便。"曾在生死边缘挣扎过的吕雉，受尽了折磨和凌辱，导致内心极其缺乏安全感，不仅性情变得多疑，人也变得阴狠毒辣。刘邦称帝后，吕雉被封为皇后。吕雉在刘邦巩固皇权、剪除异姓诸侯王的过程中发挥了很大的作用，"所诛大臣，多吕后力"。杀韩信、彭越，都是吕雉的主意。

刘邦病危时，吕雉考虑未来的朝政，询问刘邦说："陛下百岁后，萧相国即死，令谁代之?"刘邦说："曹参可。"吕后问其次。刘邦说："王陵可。然陵少戆，陈平可以助之。陈平智有余，然难以独任。周勃重厚少文。然安刘氏者，必勃也，可令为太尉。"吕后更问其次。刘邦说："此后亦非而所知也。"

刘邦死后，在相位的安排上，基本都遵循着刘邦的意愿并然接续。但是，帝位的承继却是风波迭起、异常凶险。

刘邦共有 8 个儿子：吕雉生刘盈，曹夫人生刘肥，薄姬生刘恒，戚夫人生刘如意，赵姬生刘长，其他姬妾生刘友、刘恢和刘建。刘肥为长子，但为庶出。吕雉是刘邦的原配夫人，刘盈是吕后的长子，刘邦称汉王后按照嫡长子继承制立刘盈为太子。但是，刘盈仁弱，刘邦嫌他"不类己"。刘邦晚年宠爱戚夫人，几次想改立其子刘如意为太子，都因为群臣反对废嫡立庶而未果。

刘邦驾崩后，太子刘盈（前 213—前 188）继位，是为西汉第二位皇帝汉惠帝。吕雉借口惠帝年少，恐功臣不服，便以太后的身份把持朝政。并把昔日的情敌戚夫人贬禁于永巷，令其洗衣舂米。汉惠帝元年（前194）十二月，乘惠帝刘盈出猎之际，吕后派人将年仅9岁的刘如意毒死；随后又把戚夫人手足砍掉，戳瞎双眼，熏聋耳朵，口中灌入哑药，扔进厕所里，称之为"人彘"。几日后，吕后召惠帝前来观赏"人彘"。惠帝听说是戚夫人，失声大哭，惊吓致病不起。派人转告吕后说："此非人所为，臣为太后子，终不能治天下。"从此，惠帝每天饮酒为乐，不听政，国家大事任由吕后处置。

吕后专政之后，开始逐一消灭刘氏诸王，为专权扫除障碍。先把淮阳王刘友迁为赵王，不久又将其活活饿死；尔后又迁梁王刘恢为赵王，将其逼死。次年，即汉惠帝二年，吕后又派人诛杀燕王刘建之子，夺其国。惠帝不满吕后所为，却又无能为力，虚位7年后，于汉惠帝七年（前188）八月忧郁病死，年仅24岁。

惠帝皇后无子，吕后就选取后宫美人幼子立为少帝，吕后继续临朝称制。汉高后四年（前184），少帝知道自己不是皇后所生，口出怨言，被吕后废掉，改立惠帝子恒山王刘弘为帝，也称少帝，仍由吕后专政。

吕后称制，前后8年（前187—前180）时间。这期间，她大力提高娘家人的政治地位，先后封大哥吕泽之子吕台为吕王，台弟吕产为梁王，二哥吕释之子吕标为赵王，吕台之子吕通为燕王，另封吕氏六位子弟为列侯。

吕后在权力斗争中冷血无情，却在国家治理中实施德政。当政十五年里，吕后继续推行刘邦时期的约法省禁、与民生息的大政方针，做了以下几件好事：

1. 诏令各郡县勉励优秀农户，减轻赋税，改秦税什收其伍为什伍税一。

2. 既往不咎，允许以往逃至山林、湖泊和迁徙他乡的农民回到家乡，并归还田宅，官吏不得歧视。

3. 释放奴婢，回乡从事农耕，官吏不得干涉。

4. 下令"戍卒更"，取代秦朝以来的戍卒无限期的政令。裁减大批军官士卒，转业还乡，优先给以土地，妥善安置。

5. 大赦天下，废秦时因株连而夷三族罪和"妖言令"等苛法。

6. 对匈奴采取和亲政策，安定了边境局势。

一系列政策缓和了内外矛盾，推动着农业经济生产发展，增强了汉王朝的综合国力。在政治、经济和思想文化等各个领域，都为后来的"文景之治"奠定了坚实的基础。

汉高后八年（前180），吕后病重，仍不忘巩固吕氏政权。为了控制京师局势，任命侄子赵王吕禄为上将军，统领北军，吕产统领南军。并且告诫他们："高帝平定天下以后，与大臣订立盟约，'不是刘氏宗族称王的，天下共诛之'。现在我吕氏称王，大臣们愤愤不平，我快要死了，皇帝年少，大臣们可能发动兵变。你们一定要牢牢掌握军队，守卫宫殿，不要离开皇宫为我送葬，以免为人所制。"是年八月初一，吕太后病死，终年62岁。

果然，吕后一死，刘氏皇族集团就动手了。齐王刘襄发难于外，陈平、周勃响应于内。周勃、陈平用计夺得吕氏外戚兵权，周勃令朱虚侯刘章率兵杀入皇宫，诛杀吕产，夺取南军。接着，吕氏宗族，不论老少，一律被处死。

消灭了吕氏集团之后，大臣们认为少帝是吕后所立，担心将来会报复，决定改立新君。于是，迎立代王刘恒继位，是为汉文帝。

束发河山百战功，白头富贵亦成空。

华堂不著新歌舞，却要区区一老翁。

——〔宋〕王安石《曹参》

萧规曹随

西汉初年是华夏 2000 多年历史的重要奠基时期，留下了许多流芳千古的典故范例。在汉宫政治框架完善之时，因为有了诸多名臣的身影，这幅历史画卷才更加丰盈鲜活。

刘邦治下，汉初第一名臣应属萧何（？—前 193）。此公也是沛县人，秦朝时担任沛县主吏掾，经常利用职务之便关照刘邦。萧何很有才干，为吏尽职，受到御史的好评，晋升为"泗水卒史事，第一"。陈胜、吴广起义后，沛县吏民响应，萧何等拥立刘邦为起义首领。

汉高祖元年（前 206）正月，刘邦攻入咸阳，诸将都去争抢金银财宝。只有萧何独收秦丞相、御史府所藏的律令、图书，掌握了天下要塞，各地强弱、户口情况，为日后制定政策和取得楚汉战争胜利发挥了重要的作用。

二月，项羽杀入关中后，背弃楚怀王"先入关破秦者王其地"之约，只封刘邦为汉王。刘邦不服，有心与项羽决一死战。樊哙、灌婴、周勃等人都推波助澜，只有萧何力劝刘邦屈居关中，并剖析敌我形势说："现今敌众我寡，必将百战百败，为何要去送死？希望大王守汉中，养其民，招贤纳士，先收用巴蜀，还定三秦，天下自然可图。"刘邦听从了萧何的劝告，四月到汉中就国，并提拔萧何为丞相。

刘邦麾下不乏勇将，但是缺少帅才。萧何多次推荐韩信，刘邦却嫌弃韩信出身低微并不重视。韩信失望，不辞而别。萧何披星戴月地追赶，才把韩信追回来，并再次大力荐给刘邦重用。萧何奉劝刘邦安心居汉中、保荐韩信，是汉初的两件大事，对刘邦后来夺取天下意义重大。

同年八月，汉军反攻三秦，未及巩固，便出关东征。萧何身为丞相，坐镇后方，督办军队的后勤供应。在长达 4 年的楚汉战争期间，萧何施政有方，颁布利民法令，把关中治理得井井有条，农业生产迅速得到恢复，建立了稳固的后方。刘邦多次战败、溃不成军之时，萧何总能把人力、物力及时输送到前线，使刘邦重整旗鼓，越战越强。

楚汉战争结束后，刘邦在洛阳南宫大宴群臣，论功行赏，刘邦给萧何记头功。武将们不服，争辩说："臣等披坚执锐，身经百战，攻城略地。今萧何未尝有汗马之劳，徒持文墨议论，不战，反居臣等上，凭什么？"刘邦比喻说："你们知道，猎人打猎的时候，追杀野兽的是猎狗，而指示行踪、放狗追兽的是人。诸位只是能猎获野兽，相当于猎狗的功劳。而萧何能放出猎狗，指示追逐目标，那相当于猎人的功劳。"在朝廷排位时，武将们又说："平阳侯曹参攻城略地，身受七十伤，功最多，宜第一。"而刘邦想把萧何排在首位，却想不出驳倒武将们的理由。关内侯鄂千秋帮腔说："曹参虽有野战之功，但这是一时之事。萧何管理关中，供给前线，此万世之功。一旦之功怎能与万世之功相比！萧何第一，曹参次之。"于是，刘邦封萧何为酂侯，食邑八千户，准许他穿鞋带剑上殿，入朝不跪。

汉朝建立全国政权后，刘邦与秦民的"约法三章"已不能适应社会的需要。萧何改编秦法，取其宜者，作《汉九章律》（《盗律》《贼律》《囚律》《捕律》《杂律》《具律》，增加《户律》《兴律》《概律》），奠定了汉朝的律令基础。在治国思想上，萧何喜好道家哲学，善用"黄老之术"，主张"无为而治"。

只是，伴君如伴虎，越是身居高位，萧何越是小心谨慎。楚汉战争时期，刘邦授权他管理大后方，遇事有先斩后奏之权。为了解除刘邦的疑虑，萧何听从鲍生的建议，把本家子弟能作战的都派往前线参军，实为主动送人质。汉高祖十一年（前196），刘邦在大力铲除异姓王时，萧何也不得不顺从刘邦协助其消灭韩信、英布等诸侯王。

汉高祖十一年（前196）萧何被升为相国，食邑5000户。虽然，萧何未像张良那样急流勇退，明哲保身。但是，为了避免功高震主、招来诛杀之祸，萧何听从门客召平的建言，辞让封赏，并捐出全部家财用作军需。次年，萧何又倾尽家财以资助军用。

萧何的所为依然未能令他自己安心，因其在百姓中威望实在太高。为了免遭刘邦的猜忌，萧何决定自毁形象，以低价向人赊买物资，购置田地，由此激怒了百姓、触怒了刘邦。在被刘邦责问时，萧何偏偏又要替民请愿，让皇上将皇家园林上林苑中的空地腾出来给百姓耕种。这更令刘邦火冒三丈，怒斥萧何"收了商人的财物还不够，竟然还敢要我的林苑"！随即将萧何投入牢中。满朝文武都以为萧何犯了大逆不道之罪，都怕连累自己，不敢替萧何申辩。幸亏皇宫侍卫王卫尉出面替萧何辩护，才让刘邦意识到是自己的问题，萧何才免遭厄运。刘邦死后，萧何继续辅佐汉惠帝，汉惠帝二年（前193），萧何去世，终年64岁。

萧何为相多年，却未留下丰厚的遗产，其所置田宅，多在穷乡僻壤，而且家宅连围墙都没有，家贫如洗，与普通百姓无异。对此，他解释说："后代子孙如果贤德，自能学习我的俭朴；如果不贤无能，这种破烂房屋也不会被有势力的人家侵夺。"

萧何病逝后，曹参接任，成为汉代的第二位丞相。

曹参（？—前190），字敬伯，沛县人，秦朝时担任沛县的狱掾，早年随刘邦起兵。曹参领兵攻占胡陵、方与、薛等地，破秦监平、司马夷及章邯之军，杀三川守李由。曹参晋爵为执帛，升迁为戚公；后随刘邦进兵关中，攻占成武、杠里、开封等地，破秦东郡尉王离、赵贲、杨熊之军，兵至咸阳，灭秦。曹参再晋爵为执珪。刘邦封汉王时，曹参为建成侯，在汉中又晋升为将军，随刘邦还定三秦。

汉高祖三年（前204），刘邦任命曹参为假左丞相，屯兵关中。不久，曹参随韩信渡过黄河，攻占魏、代、赵及齐。平定齐地后，韩信领兵赴垓下会战，曹参留齐，荡平残敌。曹参戎马一生，"身被七十创，攻城略地，功最多"。

楚汉战争结束后，曹参被封为平阳侯，食邑10630户，并受命为齐相国，前往齐国辅佐齐王刘肥。曹参到任后，听说胶西盖公擅长"黄老之术"，便以厚礼请教。盖公说："治道贵清静，而民自定。"曹参认为这是时代需要的济世之术。于是，9年中多采用"黄老之术"治理齐地，使得"齐国安集"。

汉惠帝二年（前193），萧何病逝，曹参接任相国，仍以治齐之术治汉；施政办事，一概遵循萧何的惯例，无所变更。人有小过，曹参加以掩饰，相府安静无事。但是在外人眼里，曹参可是日夜饮酒，毫无作为。不久，官吏多仿效曹参，日夜饮酒高歌。

汉惠帝见曹参整日无所事事很奇怪，又不好直接责问，便私下让曹参的儿子去问问。结果，曹参将儿子揍了一顿。待上朝时汉惠帝终于忍不住问其故，曹参反问惠帝："陛下虽圣明英武，但能及先帝吗?"汉惠帝答道："朕年未成冠，且无阅历，如何及得先帝!"曹参又问："陛下看臣比得上萧丞相吗?"汉惠帝道："朕看来似乎也不能及。"曹参于是说："陛下说得对呀！先帝以布衣起家，南征北讨，方有天下。若非大智慧、大勇毅，焉能至此？萧丞相明订法令，行之已久，万民称颂。今陛下用臣为相，只要能够奉公守法，遵照旧章，能继旧业，已属幸事。若自作聪明，推翻成法，必致上下紊乱，恐欲再求今日之太平，已无可得矣!"

汉惠帝恍然大悟。这就是成语"萧规曹随"的来历。

曹参居相位 3 年，坚持"清静无为"不扰民的方针，遵照萧何制定好的法规治理国家，使西汉政治稳定，经济发展，百姓生活安宁。

汉惠帝五年（前 190）曹参去世。作为汉初推行"无为而治"的代表人物，曹参对于恢复国民经济、安定百姓的贡献，不亚于他的军功。

男儿欲作健，结伴不须多。

鹞子经天飞，群雀两向波。

——〔北朝〕无名氏《企喻歌》

治世良臣

开国时代，刘邦麾下武有韩信、英布、彭越征战疆场，文有张良、陈平出谋划策，行政方面有萧何建制立法。西汉初年，又有娄敬、陆贾善论国政，叔孙通制定礼仪，稳定了西汉王朝的江山帝业。娄敬提出的"定都、和亲、迁豪"三项政策，对巩固汉初的政治形势产生了重要的作用。

娄敬是齐国卢（今山东济南长清）人，生卒年月不详。汉高祖五年（前202），在前往陇西戍守边塞、路过洛阳时，正赶上刘邦准备在此建都。娄敬借助同乡虞将军的引荐，拜见了刘邦，建议迁都关中。后娄敬因建议有功，被赐姓刘，拜为郎中，从此成为刘邦的驾前谋士。

两年后，北方的匈奴围攻韩王信，汉廷怀疑韩王信暗通匈奴，刘邦还致书责备韩王信。韩王信担心被诛，便投降了匈奴，引匈奴南攻太原。刘邦大怒，亲率30万大军反击匈奴。军至晋阳时，派出使者前往匈奴探听虚实。为了迷惑汉朝，匈奴故意将壮士肥马隐藏起来，使者所见都是老兵弱马。前后派遣了 10 路使者，都说可以进击匈奴。刘邦又遣娄敬再去侦察。娄敬回来报告说："两国交兵，通常都炫耀自己的强大。可是我在匈奴那里，只看到了瘦马老兵，这是故意暴露自己的短处，而另外埋伏奇兵来谋取胜利。我以为，现在不能攻打匈奴。"然而，这时 20 万汉军已经出征，越过了句注山。刘邦听了娄敬的话，非常恼火，大骂娄敬："齐国孬种！你凭着两片嘴捞得官做，现在竟敢胡言乱语扰乱军心！"下令把娄敬关进广武县大牢，等候战后发落。

刘邦率兵进入平城后，果然陷入匈奴 40 万伏兵的重重包围，被困在白登山上 7 天 7 夜，十分危急。这便是著名的"平城之围"。后来幸亏陈平用计，匈奴网开一面，刘邦才死里逃生，败回广武。刘邦懊悔地对娄敬说："吾不用公言，以困平城。"并提拔娄敬为关内侯，号建信侯，食邑 2000 户。

尔后，匈奴恃其兵强马壮，不断南下侵扰。刘邦无力征讨，深感忧虑。娄敬分析当前形势，献策说："天下初定，士卒久战疲惫，难以武力征服匈奴。冒顿杀父夺位，又霸占了父亲的许多姬妾，他凭武力树威势，是不能用仁义道德说服的。只能从长计议，设法让他的子孙后代臣服汉朝。可以采取和亲的办法，把长公主嫁给冒顿单于为妻，并厚赠珍宝。冒顿羡慕汉女、贪图财物，必立公主为王后，将来生子继承王位。这样一来，冒顿在位时，就是汉朝的女婿；他死了，继位的就是汉朝外孙。外孙子岂敢与外祖父分庭抗礼呢？这样我们就不必出动军队便使匈奴逐渐臣服了。"

刘邦觉得这个策略可行，决定送大公主去匈奴。吕后得知后，日夜哭啼，反对说："我只有一个女儿，怎么忍心把她远嫁去匈奴!"刘邦无奈，便找了个宫女以大公主的名义，嫁给冒顿为妻，派遣娄敬出使匈奴，缔结和亲之约。此后，"和亲"之策，成为汉王朝对待匈奴关系而实行的基本政策。

娄敬从匈奴回来后，向刘邦报告说匈奴现在势力很强大，其部族离长安较近的仅有 700 里，一天一夜就可以兵临城下。而长安东部的齐、楚、燕、赵、韩、魏等六国贵族势力也依然强大，仍有兴兵对抗西汉政权的可能。这种北有匈奴，东有六国强族的格局，对西汉政权构成了极大威胁。娄敬提出"迁徙山东豪强以实关中"之策，"无事，可以备胡，诸侯有变，亦足率以东伐"。刘邦采纳了这一"强本弱末之术"，令娄敬负责落实，迁豪族 10余万人入关中定居。该政策对巩固西汉的政权发挥了重要的作用。

娄敬的政策建议，缓解了汉朝来自北方和东部的压力。而陆贾则为汉初的政权稳定了南方的局势。

陆贾（约前 240—前 170），是汉初著名的思想家和政治家。早年追随刘邦，口才极佳，常出使诸侯。刘邦称帝后，陆贾被封为太中大夫。公元前 196 年，受命出使南越，说服赵佗接受汉朝赐予的南越王印，称臣奉汉约。陆贾因此有功，晋升为上大夫。汉初，刘邦以"居马上得天下"自矜，重武力，轻诗书。陆贾提出"逆取顺守、文武并用"的统治方略，受命总结秦朝灭亡及历史上其他国家成败的经验教训，每奏一篇，刘邦无不称善，共著文12篇，后集录成书名为《新语》。

刘邦去世后，吕后提拔诸吕，厌恶刘氏旧臣。陆贾便告病免官还家。他把出使南越所得的珍宝售卖掉，得钱千金，分给5个儿子，每子200金，让他们各自从事生产。自己则安车驷马，携歌舞琴师、侍者10人，四处漫游。他有宝剑值百金，随身佩带。与儿子们约定，路过谁家，谁供他人马酒食，食物要好。每次只住10日左右，每年不过两三次。死到谁家，宝剑、车骑、侍从者就归谁所有。吕氏权益日盛之时，刘氏集团政权旁落，陆贾劝说丞相陈平与太尉周勃放弃前嫌团结一致，为日后平定诸吕之乱奠定了基础。

吕后专权期间，视岭南一带为蛮夷之地，赵佗不满，于公元前183年再次自立为南越武帝，发兵攻长沙国边城，并以金钱收降闽越、西瓯等地。吕氏集团被灭之后，汉文帝刘恒继位，再次派陆贾出使南越。陆贾又一次说服越王赵佗，让他撤去帝号自称"蛮夷大长老"，归顺汉朝，从此南越与汉长期和睦相处。

前后17年间，陆贾两下南越，为维护国家统一做出了巨大的贡献。除娄敬、陆贾之外，叔孙通也对汉初政治建设做出了独到的贡献。

叔孙通，又名何，薛人，以文学见长。秦朝时是待诏博士。陈胜起义后，叔孙通逃回老家。薛地被楚占领时，叔孙通投靠项梁。项梁死后，叔孙通追随项羽。汉高祖二年（前205），刘邦率诸侯攻占彭城，叔孙通又投降刘邦。叔孙通一向穿儒服，而刘邦憎恶儒生，甚至往儒生帽子里撒尿。叔孙通追随刘邦后，立刻改穿短衣，从楚制，投刘邦所好。秦时，叔孙通迎合秦二世被封为博士，刘邦也拜他为博士，号"稷嗣君"。

汉高祖五年（前202），刘邦即帝位。由于没有朝仪，朝堂之上君臣、群臣之间毫无约束，混乱不堪，令刘邦忧虑，却不知如何是好。叔孙通进谏说："儒生虽然不能在战场上建功立业，却善于辅政、守住胜利成果。鲁地是儒学发源地，请陛下准臣前往那里招聘儒生，带领他们一起制定朝仪。"刘邦听罢问道："朝仪难学不？"刘邦这样问是因为他很了解自己手下的武将们，他们出身底层，都是些粗俗之人，如果朝仪太烦琐，就会遭到抵触，即使制定出来也有可能无法推行下去。叔孙通向刘邦保证："令易知，度吾所能行为之。"于是，在得到刘邦批准后，叔孙通到鲁地征召了一批精通古代及秦朝礼仪的儒生，带领他们按照简洁、易学、仪式感强的原则，把夏、商、周三代和秦朝的礼仪结合起来，再根据当下的需要重新制定了一整套完备、比秦朝朝仪更简洁的朝仪。经过一个多月的制定和演习，汉高祖刘邦在观看了朝仪汇报演习后说："这个我能学得会，就照这样办。"并下令全体文武大臣学习朝仪。

汉高祖七年（前200），长乐宫落成之际，新的朝仪从这一天开始实行，汉朝廷朝拜皇帝的仪式也从这一天正式开始。朝拜完毕，汉高祖赏赐群臣饮法酒，群臣个个表情肃穆、毕恭毕敬，把酒杯举到跟自己额头一样的高度，齐声喊："谢酒！敬祝皇帝万寿无疆！"然后一饮而尽。经叔孙通的努力，往日乱哄哄的朝堂变得尊卑有序、井井有条。君臣之间的一整套礼仪规矩在汉朝开国伊始再次被建立起来，皇帝至高无上的威权得以维护。眼前的一切让刘邦心满意足，不觉脱口而出道："今天我才知道做皇帝是这么尊贵啊！"

也是从这一时期起，汉朝规定每年的十月各诸侯都要到京城朝见皇帝。同时制定了车服制度，皇帝乘坐的马车被称为"辂车"和"金根车"，车架都要以黄缯做盖顶，车前横木的左边要竖立毛羽制作的幢，金根车上有"鸾鸟立衡""羽盖华蚤"。

叔孙通因此晋升为奉常，专管朝廷礼仪，后来改称太常，刘邦赏赐给他 500 斤黄金。叔孙通将所得黄金统统分给诸儒生弟子，弟子们高兴地称赞说："叔孙生诚圣人也，知当世之要务。"

恺悌而爱人，恭俭以持己。府库有余财，勿忍为己费。

田租奉公上，屡至为民赐。不肯私嬖臣，以存大臣体。

不敢私贵戚，以贻天下议。澹乎无嗜好，绝不尚功利。

断刑岁数百，烟火绵万里。礼乐虽未遑，亦足为善治。

洪惟庆历君，盛德概相类。爰立俱名臣，后元则无是。

——〔宋〕卫宗武《汉文帝》

文景之治

汉高后八年（前180），临朝称制的吕后去世。周勃、陈平等大臣与汉宗室刘章等人合谋诛杀吕氏集团成员，成功政变。大臣们拥立汉高祖刘邦第四子、代王刘恒（前202—前157）为帝，是为汉文帝。

汉文帝8岁被封为代王，那年是汉高祖十一年（前196），刘邦亲征平定代地诸侯陈豨的叛乱后，将代地划分给刘恒，封刘恒为代王，自那时起刘恒便离开皇宫就藩代地。在治理代地的15年中，刘恒对下层百姓的生活多有体会。即位后，除了封赏发动政变拥立有功的将相大臣，刘恒继续奉行与民休养生息的治国理念，先后颁布了《振贷诏》《养老诏》等救济贫困年老百姓的政令。

为了促进农业生产，汉文帝二年（前178）正月，文帝举行亲耕仪式，带头务农，昭示实施以农立国的发展战略。此后，文帝多次下诏申劝务农，诏令各地官吏设置"常员"，督促百姓务农力田，甚至可全免土地税。

为了提高民众的生产积极性，朝廷还下诏要求"务省徭费以便民"，裁减侍卫人马，减轻赋税。后来贾捐之曾提到文帝时"民赋四十，丁男三年而一事"。而汉初时"常赋百二十，岁一事"，可见，文帝时期的赋役仅为汉初的三分之一。文帝的劝民力农、减徭薄赋政策，对恢复汉初生产和社会的稳定发挥了重要作用。

为了畅通言路，汉文帝二年五月，文帝下诏废除诽谤妖言罪，对于秦朝制定的不许臣民议政、偶语者弃市的制度一概除之。并要求官员"慎用刑法"，强调"法用得当才能使民诚实"，"罪定得当才能使民服从"，下诏废除一人有罪株连全家的法令。后来因赵地人新垣平谋反，文帝又"复行三族之诛"。汉文帝三年（前177），济北王刘兴居叛乱，文帝下诏规定：首恶者定重罪，主动归顺者可官复原职，随从谋反而不坚决者不问，一改以往一刀切式的平乱政策。

汉文帝十三年（前167）五月，齐太仓公淳于意被判有罪获刑，押送至长安。淳于意无子，其小女儿淳于缇萦到长安上书："愿成为官奴，替父赎罪。"文帝为之感动，下令废除肉刑。文帝认为，三种肉刑（黥、劓、刖）对人造成终身残疾，不是为民父母之意。让丞相张苍、御史大夫冯敬等另外拟定处治罪人之法，不过，仍有受刑致残致死者。

文帝是个贤明的皇帝，重视人才，也乐于听取和采纳他人的建议。贾谊提出农业生产是立国之本，只有多积粮，才能攻守兼备；晁错主张重农轻商，使农民附着于土地，文帝都采纳并实行。

汉初，依然存在封国势强威胁中央政权的问题。文帝曾是居于地方的代王，深明其中的利害。他听取了贾谊的建议，增加各封国内的封君数目，以削弱各封主的实力，拉开与皇帝之间实力的差距。汉文帝六年（前174），以谋反罪废除淮南王刘长。文帝十六年（前164），分别封立刘长三个儿子为诸侯王，各占淮南王封地的三分之一。一分为三，便于控制。悼惠王死后，文帝也采取了同样的做法，将齐地分给悼惠王的六个儿子。这一政策，在一定程度上打击了诸侯王的势力，提高了中央政权的地位。

文帝在生活上秉持恭敬简约的作风。在位23年中，"宫室苑囿狗马服御无所增益，有不便，辄弛以利民"。曾经有人建议他建造一个"露台"，文帝召工匠计算，需要百金，便放弃了。他说："百金相当于十户中等人家的财产，吾住着先帝宫室，常恐自己无德，玷辱了先帝，为何还要修露台！"文帝还常穿绨衣①，令后宫夫人穿衣也不得拖地，帏帐不得文绣，以示淳朴。他还主张薄葬，"治霸陵皆以瓦器，不得以金银铜锡为饰，不治坟，欲为省，毋烦民"。文帝这种俭朴的作风，一直为史家所称颂。

在与匈奴的关系方面，文帝即位之初，与匈奴复修和亲之好，

---

① 绨是一种很粗糙的色彩暗淡的丝织品。

以巩固汉皇朝政权。汉文帝三年（前177）五月，匈奴右贤王破坏和亲之约，出兵侵占"河南"地。文帝派遣丞相灌婴率兵8万反击，赶跑了匈奴骑兵。次年，匈奴冒顿单于来书要求复和亲之好。汉朝考虑到匈奴势力正盛，同意和亲。汉文帝六年（前174），冒顿单于去世，其子稽粥继位，号称老上单于。文帝以宗室女为公主，送与匈奴为单于王后，再次和亲。

汉文帝十四年（前166）冬，匈奴单于领14万骑入侵萧关，杀北地都尉孙卬，掳掠民众畜产。文帝派三位将军带兵分驻于陇西、北地、上郡，又派中尉周舍为卫将军、郎中令张武为车骑将军，带十万骑兵驻于长安近旁以防匈奴。文帝亲自慰劳军队，视察演习，申明军令，赏赐将士，以东阳侯张相如为大将军统兵击退了匈奴。于是，匈奴又要求和亲，文帝下诏同意。但是5年后，汉后元六年（前158）的冬天，匈奴数万骑再次侵扰上郡和云中郡。文帝派出车骑将军令免驻兵飞狐，苏意将军驻兵句注，张武将军驻兵北地，坚守边境以备匈奴来犯。又命周亚夫将军兵驻细柳，刘礼将军兵驻霸上，徐厉将军兵驻棘门，做好层层防备工作。几个月后，匈奴退去，文帝才撤回以上驻军。

文帝对匈奴始终采取亦战亦和不主动挑战的态度，以减少边事。同时，采纳晁错的建议，移民至北方边塞，使其屯田务农，加强边境地区的防守力量。

汉后元七年（前157）六月，文帝去世，遗诏薄葬，终年45岁，在位23年。

同年，太子刘启（前188—前141）即皇帝位，是为汉景帝。景帝刘启出生于代地，母亲为窦氏。在被立为太子之前，汉文帝刘恒为代王时的王后与其4个儿子都已经离世。刘恒即位后，立窦氏为皇后，刘启为太子。

窦皇后好黄老之术，景帝与窦氏子弟也多跟随读老子，尊其治术。景帝即位后，继续奉行"与民休息"政策。汉景帝元年（前156）正月，朝廷下诏准许百姓从贫瘠地区迁往土地肥沃地区，以促进农业发展。汉景帝二年（前155）又下诏："令民半出田租，三十而税一也。"将以往十五税一的田租，又减少一半。景帝也多次下诏，要求郡县官吏认真执行，对失职者加以严惩。

同时，随着朝廷"开关梁，驰山泽之禁"政策的落实，也逐渐促进了商业经济的发展。关卡开放，解除开采山泽禁令，使得富商大贾得以通行天下，货物交易保持畅通。当时，北自长城脚下，南达南海之滨，东起东海沿岸，西至巴蜀地区，遍布商品生产者，各因地制宜，或渔或牧，或桑或麻，或漆或树。

在刑法方面，景帝同样强调"欲令治狱者务先宽"，下诏减免了一些刑法，制定了惩处官吏犯罪的办法。进一步缓和了社会矛盾，安定了社会秩序。

随着社会经济的发展，封国的实力也有所增长。为了避免皇权受到威胁，景帝采纳晁错提出的"削藩"建议，逐步削夺诸侯王国的部分土地，收归朝廷直接统辖。先后削夺了赵王国、楚王国、胶西王国的封地，在准备削夺吴王国的封地时，诸侯王们开始联手起来反抗。景帝三年（前154）春，爆发了吴、楚、赵、胶东、胶西、济南、淄川等七国联合反对朝廷的叛乱，史称"七国之乱"。

七国之乱的首犯是吴王刘濞。刘濞盘踞吴王国，冶铜铸钱，煮海水为盐，减免赋税以稳民心，同时，网罗各处的逃犯及流民为其服役，在经济和军事上积蓄了一定的实力。景帝采取"削藩"政策后，刘濞便勾结、诱逼其他诸侯王举兵作乱，打着诛杀晁错"清君侧"的旗号出动吴楚联军直指中原。

叛乱发生后，晁错力劝景帝坚决镇压叛乱。但是前任吴国相袁盎与晁错素来不和，建言景帝杀晁错，以求息事宁人。景帝原本就对武力斗争有所顾忌，听信袁盎杀了晁错。但是，吴楚七国起事的真实目的并非只为清除晁错，因而叛乱未停。景帝不得不应战，派遣太尉周亚夫、大将军窦婴率大军迎击叛军。三个月后，吴楚七国之乱被平定，地方诸王的势力也因这一战受到沉重打击，"重建诸侯"政策推行得更顺利。同时，景帝也把诸侯王国的行政权和官吏任免权收归朝廷，并裁减其官吏，降黜其官吏的秩位，直接将各封国降成了朝廷直接统辖的郡县。该政策彻底打击了分封势力，加强了君主专制。

在对待匈奴的关系问题上，景帝继续争取和亲、积极防御的措施，因此，匈奴"时时小入盗边，无大寇"。景帝还把来降的匈奴封为列侯，令汉匈两族"通关市"，维持着相对友好和安定的边境关系。

文帝、景帝两代约 40 年的时间里，西汉王朝政治稳定、经济生产显著发展，历来被视为封建社会的"盛世"，史称"文景之治"。据《汉书·食货志》记载：只要不遇水旱灾害，当时百姓总是衣食无忧。太仓里的粮食陈陈相因，以致腐烂而不可食，京师库房的钱币堆积如山，多年不用，连串钱的绳子都朽烂了。

汉后元三年（前 141）景帝刘启去世，在位 16 年，终年 48 岁。景帝第十子刘彻（前 156—前 87）登基继位，时年 16 岁。此即历史上与秦始皇并称为"秦皇汉武"的汉武帝。

瓠子决兮将奈何，浩浩洋洋兮虑殚为河！

殚为河兮地不得宁，功无已时兮吾山平。

吾山平兮巨野溢，鱼弗郁兮柏冬日。

正道弛兮离常流，蛟龙骋兮放远游。

归旧川兮神哉沛，不封禅兮安知外！

皇谓河公兮何不仁，泛滥不止兮愁吾人。

啮桑浮兮淮泗满，久不反兮水维缓。

——〔汉〕刘彻《瓠子歌》

雄才大略汉武帝

公元前 141 年，16 岁的汉武帝刘彻接手大汉政权。此时的汉王朝在经过"文景之治"之后，所呈现的是政宽人和、经济繁荣的景象。可是，守着繁华江山，怀有一颗进取之心的刘彻，却不想坐享其成，"清静无为"，而是要大刀阔斧地推行新政，推动时代向前发展。

此时，汉朝廷依然实施"黄老之术"的治国理念，提倡"无为而治"，政务简单，事儿不多。刘彻继位后，主动转变这种状况。当年春，颁布求贤诏，称："盖有非常之功，必待非常之人！"汉武帝急于建功立业之心，跃然纸上。

刘彻又先后向数百名来自全国各地的文学贤良请教兴邦之策，亲自拟发三道诏书，究"天人之际"，问"古今之变"，求索治国之道，史称"天人三诏"。鼓励天下吏民直接上书给皇帝，建言建策，朝廷还专门为此设置了管理上书事务的官职——公车司马令。

文学贤良董仲舒针对"天人三诏"连上三篇策论，史称"天人三策"。他阐述了"天人感应"说，倡言"君权神授"，认为"唯天子受命于天，天下受命于天子"。还明确提议"罢黜百家，独尊儒术"，"统一思想"，主张"三纲五常"。强调"以神权、政权、族权和夫权"全面维护封建统治。

董仲舒这番高论正中统治者的下怀，汉武帝刘彻立即提拔董仲舒为江都相。受董仲舒"天命更新"理论的启发，公元前140年，汉武帝决定在每年伊始，给新的一年起个名号，赋予其新意，以示对未来寄予希望，由此开创了中国历史上第一个年号元年"建元"。此后，每次更换年号都象征着一次新的开始。

但是，刘彻继位之初，汉武帝的母亲王太后、汉景帝的母亲窦太皇太后，都以刘彻年轻、尚无法担负一国之责为由，坚持把持朝政。朝中的重大事件均由两位太后决断，朝中重要职位也由两个外戚的家族成员把持。窦太后的侄儿、魏其侯窦婴任丞相，王太后同母异父的哥哥田蚡为太尉，掌管军队。

不久，窦太皇太后去世，汉武帝决定摆脱窦氏旧势力的束缚，提升田蚡为丞相，并清除窦氏派系在朝党羽，将提倡黄老之术的各家思想排除官学之外，终止了汉初以来的"清静无为"统治方针，专用多欲进取的儒家政治学说。

为了广泛传播儒家思想，在董仲舒的推动下，汉武帝于建元五年（前 136）下诏，设置《诗经》《尚书》《易经》《礼》《春秋》五经博士，以推行儒家思想。元朔五年（前 124），又为五经博士设置了弟子，专门培养五经博士，并兴建太学、乡学。太学就如同大学，作为最高学府，五经是唯一的教学体系，官方的思想和观念得以统一。也就是从这一时期开始，本为民间一家之学的儒学，被指定为官方正统思想，对后世的中国政治、社会、文化发展产生了深远影响。

太学毕业考试结果分两"科"，即甲科为郎，乙科为吏。其中，郎官去皇宫里做侍卫，隶属于光禄勋；吏官就回原籍地方政府做吏职。学府的设置为更多民众开辟了一条参政议政的仕途之路。

汉初，朝中官吏的选拔和任命有三种途径：察举、征辟、杂途。其中察举被称为入仕正途，是通过地方政府选择和举荐的制度，最为有名的是察举孝廉，也就是地方要举荐孝子和廉吏到朝廷。此前，这一制度在朝廷上下都未受到重视，地方举荐时有时无，也未形成有效机制。汉武帝求贤若渴，决定加强地方推荐工作，要求每年各郡都要推荐几个孝子廉吏到中央。这一举措使得更多非贵族子弟出身的普通人，可以通过学习、在地方基层工作后，有了被举荐入朝的机会。这一政策也促使汉朝政权的统治阶层开始向大众开放。

对于汉武帝的人才政策，《汉书》作者班固称赞说："上方欲用文武，求之如弗及，始以蒲轮迎枚生，见主父而叹息。群士慕向，异人并出。卜式拔于刍牧，弘羊擢于贾竖，卫青奋于奴仆，日磾出于降虏，斯亦曩时版筑饭牛之朋已。汉之得人，于兹为盛。儒雅则公孙弘、董仲舒、儿宽，笃行则石建、石庆，质直则汲黯、卜式，推贤则韩安国、郑当时，定令则赵禹、张汤，文章则司马迁、相如，滑稽则东方朔、枚皋，应对则严助、朱买臣，历数则唐都、洛下闳，协律则李延年，运筹则桑弘羊，奉使则张骞、苏武，将率则卫青、霍去病，受遗则霍光、金日磾，其余不可胜纪。"可见武帝时人才之盛。

在权力格局上，汉武帝时期也发生了重大改变。

汉初，中央组织权力结构由"三公""九卿"组成。"三公"是指丞相、太尉、御史大夫。丞相是最高行政长官，太尉是武官首长，御史大夫是辅助丞相监察一切政治事务的。"九卿"即太常、光禄勋、卫尉、太仆、廷尉、大鸿胪、宗正、大司农、少府，分掌祭祀、门房、传达、宗族、经济等事务的重要职位，且九卿都隶属于丞相。

按照传统，丞相为百官之首，是可以抗衡皇权、防止皇权被滥用的官职。一直以来，皇帝尊重丞相，百官更是对丞相毕恭毕敬。丞相可以举荐九卿郡守一级的高官，并对这些高官有着先斩后奏的权力，而且，若没有大错，皇帝不会轻易更换丞相。

但是，汉武帝的权力欲和控制欲都促使他要打破这一传统，提高皇权，削弱相权，以实现君强臣弱的专制格局。在即位之后的六年里，汉武帝接连免掉三位丞相，破除了丞相久任的传统，对相权予取予夺。田汾出任丞相不久，汉武帝就收回了丞相任免高官的权力，将三公、九卿、郡太守①、县令等职位的任免权都归于皇帝，丞相只有任免"十三曹"②的权力。汉武帝以釜底抽薪的方式，剪除了丞相的主要人脉根基和权力依托。这一改变，使得精力旺盛的汉武帝既统又治，使传统垂拱无为的帝王摇身变成亲理朝政的政府首脑，真正踏上了皇权专制的道路。

元朔五年（前124），汉武帝再次改革丞相制度，扭转军功贵族的专权传统，任用出身贫苦的儒生公孙弘为丞相，随后封他为平津侯。汉初以来，出任丞相的或为列侯或为功臣，各有自己的权势背景和经济实力做后盾。对待功高权重的丞相们，皇帝也要敬畏三分，不敢颐指气使。而公孙弘没有宫廷和列侯背景，没有自恃高贵的贵族心理，更没有"出将入相"的功臣气魄，一介布衣能够平步青云，自知功过地位全凭皇帝把玩，故卑微，不敢与皇帝抗衡争权，只能领旨谢恩、唯命是从。于是，汉武帝时期的君臣关系也从此转化成了君主与奴仆的关系。

公孙弘之后，几届丞相地位更低，朝廷商议大事，有时都不

---

① 太守为汉郡地方行政长官，都尉是地方军事首领。

② 丞相的秘书处，即"西曹、东曹、户曹、奏曹、词曹、法曹、尉曹、贼曹、决曹、兵曹、金曹、仓曹、黄阁"十三个机关部门。

通知丞相。但是，若天下出了大事，汉武帝就会想起丞相是"百官之长"，常常循名责实，把问题都归罪于丞相，这样一来，丞相就变成了名副其实的替罪羊。再后来，丞相不仅毫无实权，而且几乎成了死亡的代名词。太初二年（前103），当驰骋疆场的老将公孙贺被任命为丞相时，竟吓得跪倒在地、老泪纵横、苦求另选贤能，汉武帝却一言不发拂袖而去。没过几年，公孙贺果然因儿子犯罪被夷灭三族。汉武帝任内共有12人出任丞相，多数不得善终。丞相如此，其下的百官们自然也不敢造次，莫不诚惶诚恐、如履薄冰。

相权被弱化，外朝九卿都直接听皇帝指挥，皇帝的事务就多了起来。于是，汉武帝开创了内朝制度，将"尚书"这个内廷职位提升为皇帝私人秘书，其权力自然越来越大。

"尚书"原本是少府属下一个主管文书档案的机构，汉武帝将其提升为参议政事、起草诏令的日常工作机构，与"侍中""中书"联合组成"中朝"，成为决定国家大事的决策机构。后来又任用宦官为中书，掌尚书之职。此外，由汉武帝亲选的天子宾客①，如严助、朱买臣、主父偃、严安、东方朔等人，也成为皇帝的亲信顾问、私人助理，为他出谋划策，助他总揽朝政、控制全国的

---

① 秦汉时期，君主豪强吸纳四方贤才的方式。宾客群体主要指出身较低，但有学识、对天下局势有着独特见解之人，主人会提供日常吃、住，平日里聚在主人提供的场所里畅所欲言。

文武百官。

同时，汉武帝也对中央与地方的权力格局进行大力整饬。

元光元年（前134），主父偃献策说："古者诸侯地不过百里，强弱之形易制。今诸侯或连城数十，地方千里，缓则骄奢易为淫乱，急则阻其强而合从以逆京师……愿陛下令诸侯得推恩分子弟，以地侯之。彼人人喜得所愿，上以德施，实分其国，不削而稍弱矣。"

汉武帝采纳了主父偃的建议，颁布《推恩令》，让诸侯王分出国土，封赏给自家子弟，而且分出来的土地由中央直接管辖，各封国的弟子不能封王，只能封侯，侯的封号也由汉武帝来决定。《推恩令》的推行，不仅削弱了地方封国的力量，更加强了中央对地方的掌控。

中央集权政治体制本是秦始皇首创，只是秦朝短命，尚未形成一整套执政方针。汉武帝时期，在肃清诸侯分裂势力后，中央政权才真正称得上得以彻底巩固。其意义在于，此后两汉400余年中，汉王朝虽有外戚、党锢之祸，却无藩镇之患。

在强化中央集权的过程中，汉武帝还任用许多"酷吏"，以打击豪强权贵。秦始皇消灭六国时，曾迁徙山东诸国的豪富到关中。汉高祖刘邦也曾迁徙山东贵族10多万人入关。元朔二年（前127），汉武帝再次迁徙家财在300万以上的豪富到京师附近的茂陵。这样一来，长安周围被各方豪强势力包围，一些豪强开始欺压农民，破坏封建法度，令朝廷很恼火。还有一些游侠，逞雄于市井乡里、以义标榜，实际是为非作歹的恶势力盗贼。对此，汉武帝没有动用兵力进行打压，而是启用"酷吏"，以兵不血刃的手段，诛锄豪强、打击恶势力。

最受重用的"酷吏"是长安令义纵，此人敢于施行暴政，对任何人都不留情，可谓"直法行治，不避贵戚"。当时，豪强中最骄横放纵的人是皇族修成君的儿子修成子仲。修成君是王太后与前夫所生的女儿，是汉武帝的大姐，修成子仲因受王太后宠爱而跋扈于京师。义纵拿他下手，派人捕获，并绳之以法，此举得到汉武帝的赞赏。有了皇帝撑腰，"酷吏"们的工作开展得更加顺手。继之，河内的豪强穰氏被义纵灭族，南阳的豪强宁氏、孔氏等均被惩治。

在经济方面，增加财政收入、加强对全国经济命脉的控制、削弱地方割据势力和富商大贾的经济力量，成为大汉朝经济治理的重点。为此，汉武帝颁布新的经济制度，将过去由富商大贾掌握操纵的行业垄断权利都收归朝廷。

元狩六年（前117）、元鼎四年（前113）、元封元年（前110），汉武帝采纳桑弘羊建议，分别颁布并推行了盐铁官营、铸币和均输、平准诏令。由朝廷垄断盐铁的经营，在全国设立盐官铁官，凡私铸铁器或煮盐的都处以重刑，没收其货物；将铸币权收归朝廷，禁止郡国私铸钱币，由掌管上林苑的水衡都尉所属三官统一铸币，五铢钱是唯一的法钱；在各郡国设置均输官，由官府经营运输和贸易，各地以其土特产作为贡物，由工官制造运输工具运往京师，大司农设立平准官"尽笼天下之货物，贵则卖之，贱则买之"，以平抑物价。

为了增加财政收入，武帝发起了一场"算缗"和"告缗"运动，大力征收商人资产税。"算缗"就是征收资产税。一缗为一千钱，商人按财产货物价值计算，每二千抽税一算；手工业者每四千钱抽税一算等。该政策一经颁布，无论有钱没钱，人人都变得低调且"皆争匿财"。于是，"告缗"令就应运而生，只为鼓励举报逃税之人。武帝诏令：凡告发逃税的人，奖励被告人被没收财产的一半。此令一出，瞬间激发起人们对不劳而获的财富的追求，各种举报纷沓而出，导致商人、富贾们大量破产，甚至一些不是商人的富人也成为被举报的目标。朝廷这种"告缗"运动，以没收财产又近似抢劫的政策，为朝廷缴获了大量财物。但是，这项政策也摧残了刚刚兴起的商业，让人不敢生财。

当然，汉武帝最重视的是农业生产。在位期间，汉朝农业耕作技术有了明显提升，武帝以"赵过为搜粟都尉，教民耕殖"。赵过对传统农耕方式进行了改进，提出"用力少而得谷多"的代田法耕作技术，也就是二牛三人一组的"耦犁"耕地方法，将以往散播栽种法，改为田垄栽种，提高了耕田的效率。朝廷为了推行新的耕作技术还设计生产出新的农具并加以推广。

同时，汉武帝还在全国掀起了兴修水利的高潮，开通了滑渠、龙首渠、白渠、灵积渠、成国渠、漕渠等水利灌溉工程。另外，每当地方上发生水灾，汉武帝都会及时派出公卿大臣前往治水，将治水视为关系"国之利害"的首要政务。元封二年（前109）四月，因天旱少雨，汉武帝派遣汲仁、郭昌征发数万人治理黄河。汉武帝还亲临黄河瓠子决口处视察，沉白马玉璧于河中祭祀河神，命令将军以下的群臣和随从人员都背负柴草填堵决口，终于堵住了决口，黄河恢复了故道。汉武帝高兴之余，还写下了两首《瓠子歌》纪念此事。本节题首是汉武帝作的第一首《瓠子歌》，下面是第二首：

> 河汤汤兮激潺湲，北渡污兮浚流难。
>
> 搴长茭兮沈美玉，河伯许兮薪不属。
>
> 薪不属兮卫人罪，烧萧条兮噫乎何以御水！
>
> 颓林竹兮楗石菑，宣房塞兮万福来！

太初元年（前104），汉武帝采纳太史令司马迁与太中大夫公孙卿等人的建议，颁行由洛下闳等人制定的新历法——《太初历》，将以往以农历十月为岁首，改为正月为岁始，开始采用有利于农时的二十四节气。同年，改年号为"太初"。

茂陵仙客，算真是，天与雄才宏略。猎取天骄驰卫霍，如使鹰鹯驱雀。鏖战皋兰，犁庭龙碛，饮至行勋爵。中华强盛，坐令夷狄衰弱。

追想当日巡行，勒兵十万骑，横临边朔。亲总貔貅谈笑看，黠虏心惊胆落。寄语单于，两君相见，何苦逃沙漠。英风如在，卓然千古高著。

——〔宋〕李纲《念奴娇·汉武巡朔方》

刀马所至皆汉土

西汉自开国以来，与匈奴的关系一直处于被动、忍让的地位。汉武帝时期，匈奴气焰依然嚣张，不断发兵扰边，威胁着汉朝廷的安全。汉武帝虽然长于宫中，不曾横戈跃马于战场，却是个拥有开疆拓土之梦的热血帝王。加之此时的汉王朝，已经"养民五世，天下殷富，财力有余，士马强盛"。汉武帝决定放手一搏、解决外患。

分析当时的形势，匈奴嚣张跋扈，与其"右臂"西域邻国之间却不和谐。汉朝廷了解到，西域的大月氏国对匈奴恨之入骨，因此，高瞻远瞩的汉武帝，因势利导，派遣张骞出使大月氏，再联络西域各国，达成战略联盟关系，切断匈奴"右臂"，对匈奴进行政治、军事上的包围。张骞不负所托，行程万余里，历时 10 余年，为配合汉武帝对匈奴的战争，与西域各国进行政治斡旋，建立了联系。

建元六年（前 135），匈奴遣使请求和亲，汉武帝召集公卿大臣商量对策。大行令王恢主张"兴兵击之"，御史大夫韩安国、汲黯等坚持"和亲"，公孙弘、主父偃等当朝新锐朝臣也多数主和反战，武帝也觉得开战时机尚未成熟，便勉强答应了和亲之议。但是，和亲之后，匈奴仍然大肆侵扰汉边。

元光二年（前 133），汉武帝即位第 8 年，马邑（今山西朔州）都尉聂一进向朝廷进献破匈奴之策：诱使匈奴单于入塞，聚而歼之。王恢积极赞成聂一的计策。24 岁的汉武帝也认为时机成熟了，决心抗击匈奴。随即任命韩安国、王恢、李广、公孙贺、李息等为将军，率领大军准备伏击匈奴，匈奴单于发觉不妙，引兵逃走，马邑之战落空。从此，双方和亲政策结束，关系彻底破裂。

首战无功并未挫败汉武帝的征战豪情，与匈奴关系的破裂，也导致汉武帝别无选择，战争已不可避免。

此后，汉武帝亲自决策部署，选将调兵，甚至具体的用兵时间、出兵地点、兵力部署、攻击方向等，事无巨细，总揽无遗。

元光六年（前 129），匈奴南下入侵，汉军兵分四路，各路一万骑兵迎战。结果，四路领骑将军中只有卫青一路人马俘虏数百人返回长安，其余三路都失利。其中，公孙敖损失七千骑兵，将军李广被匈奴擒获。卫青由此一战成名，受封关内侯，备受武帝重用。

卫青早些时候只是汉武帝姐姐平阳公主府上的一个骑奴，后因卫青姐姐卫子夫被选入宫，受到武帝宠幸，卫青才被汉武帝任用。卫青精于骑射，常随武帝外出围猎，受到武帝赏识。此后，卫青 7 次出征匈奴，军功显赫，被赐予大将军的印绶。

同样因卫子夫，霍去病也受到汉武帝的重用。霍去病是卫子夫的外甥，少年时就擅长骑射，18 岁因卫子夫的关系被召入宫，成为侍中，常在汉武帝身边。元朔六年（前 123），霍去病随同舅舅卫青两次出征匈奴。在霍去病的率领下，其将领斩敌数千。因善于长途奔袭、快速突袭作战，两次功冠全军，被封为冠军侯。

在卫青和霍去病的辅助下，汉武帝开疆拓土的梦想终得以实现。特别是元朔二年（前 127）的漠南之战、元狩二年（前 121）的河西之战、元狩四年（前 119）的漠北之战这三大决定性的战役，汉朝廷全歼匈奴主力，解除了匈奴的威胁，夺回河套和河西走廊地区，扩张了西域版图。汉朝廷在河西走廊设置了武威、张掖、酒泉、敦煌四郡，保障了北方经济、文化的发展。

汉武帝对匈奴用兵 44 年，在中国历代帝王中前无古人，后无来者。但旷日持久的征战杀伐，劳民伤财。对于汉武帝的如此武功，司马迁也非常矛盾。司马迁把匈奴视为炎黄子孙之一，战争显然是中华民族内部的一场悲剧，而长期耗战更使双方付出了极高的代价。在中国历史上第一篇少数民族史《史记·匈奴列传》中，司马迁对汉武帝用兵匈奴、久战不停的现象谈了自己的看法：

"朝臣们在讨论对匈奴的问题时，都想的是为自己谋些权势，给武帝的建议都是片面的，缺乏对汉匈两方务实的考虑；将领则凭借中国地广人众提高士气。天子根据这些因素来做决策，所以建功不深，虎头蛇尾。这就像尧虽贤能，但若没有禹是不行的，所以要想建功立业做大事，最重要的就是要用对人！"

元狩四年（前119），汉武帝再次派张骞出使西域。这时，汉朝廷已经设置了河西四郡，由内地至西域的交通畅通无阻。张骞及许多副使顺利到达西域，包括大宛（今费尔干纳盆地）、康居（今巴尔喀什湖和咸海之间）、大月氏（大约在今阿姆河上游两岸）、安息（今伊朗高原东北部）等地，加强了天山南北各族与汉朝的联系，与乌孙（今吉尔吉斯斯坦伊塞克湖东南伊什提克一带）建立和亲关系，开辟了贯通中西的丝绸之路。

此后，西域各地同中原地区的政治关系和经济文化联系日趋紧密，为了保障汉使、商队往来的供应和安全，元封三年（前108），汉朝廷开始在邻近西域的酒泉、玉门建立亭障①。后来，亭障延展至盐泽（今新疆罗布泊）一带，并在天山南路屯田。每处安排屯田兵数百人，设置卫司马和校尉戍守，庇护天山南北各国。从此，天山南北36国和乌孙都先后成为汉朝西北边疆的一部分。

征伐匈奴之时，汉武帝还剑指东方、东北方、南方、东南方。

在东北方，汉武帝派出水、陆两军出兵朝鲜，当时统治朝鲜

---

① 即边塞要地设置的堡垒。

的是燕人卫满的后代。汉初，燕王卢绾反叛被灭，燕人卫满逃至朝鲜，在其实力雄厚时驱逐了朝鲜王箕准自立为王，建都王险城（今朝鲜平壤市大同江南岸），并作为汉朝外臣，控制塞外边境地区。元封二年（前109），卫满的孙子卫右渠统治朝鲜，汉武帝以其阻挠其他小国向汉朝廷朝贡为由，对朝鲜大举兴兵。征服了卫满朝鲜（今朝鲜中北部）后，把其分置为乐浪、玄菟、临屯、真番四郡。汉朝通过对朝鲜的征服也开启了与倭国（今日本国）的联系。《后汉书·东夷传》中记载："倭在韩东南大海中，依山岛为居，凡百余国。自武帝灭朝鲜，使驿通于汉者三十许国。"

在东南方和南方，平定东南割据政权的同时，汉武帝派官吏唐蒙开通夜郎（今贵州关岭一带），使夜郎首领及夜郎附近各部相继归汉，在当地设置了犍为郡。不久，又任命司马相如为中郎将通使邛都、筰都。

司马相如，蜀郡（成都）人，后人称之为"赋圣"和"辞宗"。因其汉赋作品《子虚赋》受到汉武帝的赏识，被召入京。进京面见汉武帝时，司马相如称，《子虚赋》只是谈诸侯游猎之事，他可以再写一篇关于天子游猎之赋。于是，就有了另外一篇汉赋作品《上林赋》。在文中，司马相如虚设了"子虚""乌有先生"和"亡是公"三个人物，以夸耀的笔调描写了皇家上林苑的壮丽及大汉天子游猎的盛大规模。文中既歌颂了天子统一王朝的声威和气势，也着笔讽谏帝王奢侈之风。汉武帝读罢大悦，封其为郎官。

建元六年（前135），唐蒙在开通夜郎及周边各部时，征发巴、蜀二郡的官吏士卒上千人，征调西郡陆路及水上的运输人员万余人。但是唐蒙对待官吏士卒的手段太粗暴，令巴、蜀百姓大为恐慌。为此，汉武帝遣司马相如前去安抚巴、蜀百姓。司马相如到任后，在当地发布了《谕巴蜀檄》的公告，告之百姓，唐蒙所为并非皇帝之意，民心得以安抚。

此后，司马相如又被封为中郎将，通使邛都、笮都，笼络西南夷各部。司马相如回到老家蜀郡，蜀人都以迎接司马相如为荣。司马相如平定西南夷后，邛、笮、冉、駹、斯榆等部也纷纷归汉称臣。于是，司马相如下令拆除了旧有的关隘，开通了灵山道，在孙水上建桥，直通邛、笮等地。还针对当地百姓提出的问题，以书面形式回答，"令百姓皆知天子意"，以安抚各少数民族民众，为汉朝廷开发西南边疆做出了贡献。

同时，汉朝廷在当地设置了10余县，隶属蜀郡，在西南地区先后设立7郡，封滇（在今云南东部滇池一带）人的首领为"滇王"，发给王印，使得今天的两广地区自秦朝后重归中国版图。

元鼎五年（前112）秋，南越国的丞相吕嘉等人发动政变反汉，武帝兴兵征讨。下令将巴郡、蜀郡犯罪被赦之人编入步骑兵，派遣江淮以南的水兵共10万人，以路博德为伏波将军；主爵都尉杨仆为楼船将军；任命两个归降汉朝的南越人郑严和田甲分别为戈船将军和下厉将军；驰义侯何遗利用巴蜀的罪人和夜郎的军队，兵分五路进攻南越，几路水陆兵马都到广州城外会师。闽越国^①国王余善自请率 8000 兵从楼船将军杨仆进讨南越，中途又反悔，暗地里还与南越勾结。第二年冬，汉军攻陷广东韶州的寻峡，又击破广州西北的石门，会师广州城后彻底打败南越军，放火烧城。灭南越后，杨仆上书建议乘势引军进攻东越，于是，汉武帝再次发兵四路围攻闽越国。面对汉军的强大攻势，闽越贵族内部分化，发生内讧，余善被杀，闽越国向汉军投降。汉武帝认为"东越狭多阻，闽越悍，数反复"，"终为后世患"，下令将越人全部迁移到江淮间安置，曾一度辉煌的闽越国从此消逝。

当年，秦始皇纵横四海统一六国，建立了傲视天下的秦王朝，其辽阔的版图，也不过是汉武帝时代中国版图的二分之一。汉武帝时代，大汉王朝势力西至如今的中亚，西南囊括云贵川，东北至黑吉辽，南方涵盖海南与福建，勾勒出了现代中国版图的基本框架。

----

① 闽越国建立于战国期间，后被秦所灭。秦朝末年，以无诸为首的闽越人起兵先是助汉反秦，后又助汉灭楚。汉朝建立后，无诸因助汉有功，被汉高祖刘邦封为闽越王，无诸复国后，在福州设立国都，建立"冶城"，对外与汉朝保持着良好的发展关系。

秋风起兮白云飞，草木黄落兮雁南归。

兰有秀兮菊有芳，怀佳人兮不能忘。

泛楼船兮济汾河，横中流兮扬素波。

萧鼓鸣兮发棹歌，欢乐极兮哀情多。

少壮几时兮奈老何！

——〔汉〕刘彻《秋风辞》

弃轮台之地

汉武帝时期，汉朝整体实力空前强大。盛世之下，奢侈、腐化和衰落因素也相伴而生。年轻气盛的汉武帝好大喜功，生活也非常奢侈。从元鼎二年（前 115）起，大兴土木，修宫室，凿池簏，先后建造了建章宫、明光宫、柏梁台。在长安周围，还建造长杨宫、五柞宫等六处别宫。

汉武帝喜好巡游，在元光二年（前 133）以后，多次携带文武百官和侍卫巡游全国各地，见诸记载的巡游就多达 20 余次，足迹遍及长江以北各郡县。巡游次数之多、范围之广超过了秦始皇。每次巡游，汉武帝都要将各国使臣全部带上，随行的官员、军队多则 10 万余骑，沿途百姓修整道路、宫殿，供应粮蔬果品，郡国官员负责接送。遇到大都会或大市镇，还要大摆场面，让宾客参观各地仓库中储存的物品，以示汉朝之强。"巡狩郡县，所过赏赐，用帛百余万匹，钱金以巨万计。"为了便于巡游，各地兴建行宫。经年累月，仅修筑宫室、园池就消耗了大量的人力、物力。

为了炫耀汉王朝的强大，元狩二年（前121），匈奴浑邪王来降之时，汉武帝下令边郡调集两万车辆前往迎接，因朝廷一时无法凑足这么多的马匹，气得汉武帝要杀掉长安县令。

当天下尽在掌控之中时，汉武帝也骄纵至为所欲为。为了夺取汗血宝马，汉武帝发属国6000兵骑及郡国恶少年数万人，讨伐大宛。打了两年，军队损失十分之八。

汉武帝认为其"至德"足以超过历代帝王，于是，决定"封禅泰山"。封禅，通常是帝王在太平盛世或天降祥瑞之时举行的大型典礼活动。封为"祭天"，禅为"祭地"。封禅活动也是统治者树立皇威的仪式，利用民众敬畏上天的心理，以证明自己的君权为"神授"、为"天意"。但是，封禅是国家级的盛典，每次都将耗费大量的人力、财力和物力。从元封元年至征和四年（前110—前89）汉武帝举行了数次泰山封禅活动。

上行下效，公卿大夫们也争相奢侈，挥霍无度，整个统治集团日趋腐化，加之长年战争，赋税、兵役和徭役日渐繁重。老百姓不是深陷困苦中，就是深陷破产中，流亡农民越来越多。到武帝末年，竟出现了"天下虚耗，人复相食"的惨状。

民不聊生之时，汉武帝却与秦始皇一样，相信有神仙，相信有长生不老药。只要有方士自称能求得长生不老药，就可被封官加爵。有方士不仅被封为大将军，还娶了汉武帝的长公主为妻，由此宫中豢养了大批方士。同样，只要听说哪里有神仙出现，武帝马上就会千里奔赴求仙。为了与神相通，汉武帝下令立五祠，建甘泉宫，筑承露盘。为了便于入海求仙，四处修建宫观祠坛。其中，修造的建章宫，规模宏大，千门万户，其北凿大池，名曰太液池。

汉武帝急于求仙、求长生不老方，对方士和女巫们也大肆纵容，允许他们随便出入宫廷，导致方士、女巫们参与到宫廷皇族的内部斗争之中，频频借用巫术制造事端，图害他人，最终酿就了"巫蛊之乱"。

"巫蛊之乱"是汉武帝时期重大的政治事件。在这一事件中，丞相公孙贺父子被怀疑使用媚道诅咒武帝而死于狱中；38岁的皇太子刘据被陷害有谋反之心被杀；太子的母亲、皇后卫子夫受牵连，被迫自杀。尽管后来汉武帝知道太子刘据是被冤枉的，为此痛杀诬陷太子的官吏江充三族，在湖县（太子被害之地）建了"思子宫"。但是，汉武帝并未因此停止对长生不老药的寻求。

汉武帝的肆意妄为终招致天下不满。天汉二年（前99），黄河流域和长江流域各地陆续爆发农民起义。起义声势之大，超过秦末农民起义初期的规模，"南阳有梅免、白政，楚有殷中、杜少，齐有徐勃，燕赵之间有坚卢、范生之属"。起义军多则数千人，少则数百人，到处攻打城邑，夺取兵器，杀戮官吏，释放囚犯。汉武帝派遣军队四处镇压，大肆屠杀起义军，甚至连供给起义军饮食的普通百姓也一概被处死。朝廷还下令推行"沉命法"，规定凡是发生起义的地区，如果郡县没有发觉，或是捕杀的起义人民不够多，当地大小官吏都要被处死。尽管朝廷用尽一切严刑酷法，起义的浪潮依然此起彼伏。

在这一情形下，汉武帝依然坚持对匈奴用兵。天汉二年（前99），汉军兵分两路向匈奴进攻，一路是大将李广利领军3万，出兵酒泉，首战天山获胜后，在归途遭到匈奴大军围剿，损失惨重；另一路由骑都尉李陵率领5000步兵，出击居延海（今内蒙古额济纳旗北），向北深入沙漠，却遇到单于3万人马的主力部队。李陵迎战杀敌数千，单于3万精骑不甘心惨败，再调集8万兵马围杀李陵部队。面对10倍于己的匈奴强兵，李陵且战且退，两次受伤不下战场。经过十几日苦战，匈奴依然未能战胜汉军，但是，此时汉军只剩下3000余人，战至鞮汗山（今蒙古国西南南戈壁省境）时，羽箭皆用尽。最终，李陵令众将向四面八方突围，约定在汉边遮虏障会齐，并希望有人能逃回汉朝廷上报实情。自己与另一位将军韩延年率十余兵力越岭南走，在单于众兵包围中，韩延年阵亡，李陵被掳。

汉武帝在得知李陵战败被俘的消息时，大为震怒，朝廷文臣武将们更是火上浇油，口诛笔伐，谴责李陵。唯有太史令司马迁为李陵辩护，进言称：李陵杀敌报国，英勇奋战，爱护部将，大敌当前，部下无离心。还称"李陵不死而亡入匈奴，当欲有所为而报大汉"。但是不久，汉武帝听到谣言，称李陵正训练匈奴士兵要攻打大汉。汉武帝一怒之下，毫不留情地将李陵的母亲、妻儿、兄弟全部诛杀。司马迁也因替李陵说过话而获罪入狱受宫刑——割除生殖器。在行宫刑之时，司马迁也想死，只是那时已经着手修撰的《史记》尚未完成，所以他选择"隐忍苟活"，发愤著书，要以完成此书的功名，抵偿自己所受的宫刑之辱。

当繁华盛世陷落于烽烟四起的乱世时，汉王朝天下不仅民心难聚，朝廷政权也岌岌可危。这时，汉武帝开始反躬自省，试图拔除内心的莠草，寻找问题的根源。为了安抚民心，更为了缓解社会矛盾给政权带来的压力，汉武帝决定改弦更张，调整统治政策。

征和四年（前89），汉武帝封禅泰山时表示："朕即位以来，所为狂悖，使天下愁苦，不可追悔。至今事有伤害百姓、糜费天下者，悉罢之。"承认自己的所作所为导致社会动荡，给百姓造成了痛苦，并表示要痛改前非，从此不再穷兵黩武、劳民伤财。

同年，桑弘羊等人建议招募青壮农民，到轮台（在今新疆轮台东南）屯垦戍边，被汉武帝否决，并决定撤除轮台之戍。诏告天下说："前有司奏，欲益民赋三十助边用，是重困老弱孤独也。而今又请遣卒田轮台……今又请远田轮台，欲起亭隧，是扰劳天下，非所以优民也，朕不忍闻……当今务在禁苛暴，止擅赋，力本农，修马复令以补缺，毋乏武备而已。"此后，"不复出军"，减少边事。

至此，汉王朝的统治方针重新回到了与民休息、发展经济的轨道上。汉王朝的统治也由此转危为安，避免了像秦朝那样迅速败亡的命运。

班固在《汉书·西域传》中为此记录说"上乃下诏，深陈既往之悔……"并称赞说，"末年遂弃轮台之地，而下哀痛之诏，岂非仁圣之所悔哉!"

后元二年（前 87）二月，汉武帝在五柞宫去世，在位 55 年，终年 70 岁，葬于陕西茂陵。

茂陵刘郎秋风客，夜闻马嘶晓无迹。

画栏桂树悬秋香，三十六宫土花碧。

魏官牵车指千里，东关酸风射眸子。

空将汉月出宫门，忆君清泪如铅水。

衰兰送客咸阳道，天若有情天亦老。

携盘独出月荒凉，渭城已远波声小。

——〔唐〕李贺《金铜仙人辞汉歌》

霍光辅政

汉武帝死后，8 岁的刘弗陵（前 94—前 74）在众臣的拥立下登基继位，是为汉昭帝。

汉武帝去世前，让画师画了一幅"周公背成王朝诸侯图"送给霍光，示意霍光辅佐幼子刘弗陵当皇帝。因担心"子幼母壮"有外戚专权的风险，汉武帝找借口处死了刘弗陵的母亲钩弋夫人，防止吕后称制重演。在世间尚未来得及为钩弋夫人的命运叹息一声之时，汉王朝已开启了霍光时代。

霍光是霍去病的同父异母弟。当年，霍去病出征匈奴回京师时，经过平阳，将十几岁的霍光带回长安，被汉武帝封为郎官，侍候在汉武帝左右，后升诸曹侍中。霍去病死后，霍光升为掌管皇帝车马的奉车都尉，不久又升为光禄大夫。

霍光性格沉静，为人谨慎，在服侍汉武帝的 20 余年中，不曾有半点差错，因老成持重，深受汉武帝的信任。后元二年（前87），汉武帝病危，霍光随侍左右。汉武帝诏立刘弗陵为皇太子，以霍光为大司马、大将军录尚书事，主掌全国政务。车骑大将军金日磾、左将军上官桀、御史大夫桑弘羊同受顾命，共同辅佐刘弗陵。诏立三天后，汉武帝去世。

汉武帝的三子、燕王刘旦窥视皇位已久，对刘弗陵继位不服，扬言自己要做皇帝。霍光怕引起动乱，以汉昭帝的名义下诏，赏刘旦钱 30 万，增食邑 1.3 万户。刘旦不领情，联络中山王刘昌的儿子刘长、齐王将间的孙子刘泽共同谋反。刘泽先起事，被青州刺史隽不疑镇压。刘泽、刘长被处死，霍光念及刘旦是皇帝的亲哥哥，没将他治罪，仍为燕王。

为了缓和社会矛盾，霍光按汉武帝罪己诏所定的治国方针，推行改革方案。始元二年（前 85）三月，朝廷派遣使者到地方，赈贷种子和粮食给贫民。八月，又下诏：贷给贫民的种子和粮食，政府不收回，且免除当年的田租。同时，派人巡视郡国，荐举贤良，查办失职官吏。赦免汉武帝时期的案件，不再追究。这些措施在一定程度上缓解了汉武帝时期引发的社会危机。

但是，朝廷内部的权力斗争始终存在。汉昭帝即位第二年，始元元年（前 86）九月，金日磾病死。上官桀、桑弘羊对"政事决于光"的现象非常不满。在他们看来，论资格和功劳，自己都在霍光之上，所以不能让霍光独揽大权。

霍光与上官桀本是儿女亲家。霍光的女儿嫁给了上官桀的儿子上官安，两家关系曾经亲密无间。但是，上官桀贪图禄位，想把5岁的孙女嫁给12岁的汉昭帝为皇后。霍光不同意，两人因此产生隔阂。上官桀父子又求助于汉武帝的女儿鄂邑长公主。始元四年（前83），在长公主的主持下，上官安的女儿嫁入皇宫，次年被立为皇后，上官安获封桑乐侯、骠骑将军。

御史大夫桑弘羊对霍光也有怨恨。汉武帝时期，桑弘羊是理财官，实行了盐铁官营制度。但是，盐铁官营施行既久，弊端百出，激起民怨。于是，在谏大夫杜延年提议下，始元六年（前81）二月，霍光召集丞相田千秋、属官丞相史、御史大夫桑弘羊和御史大夫的属官御史，以及贤良60余人，举行"盐铁会议"，总结时政得失，就武帝时期的各项政策，特别是盐铁专卖政策，展开全面的辩论。

会议期间，贤良文士们都反对盐铁专卖政策，认为这是与民争利。而桑弘羊则以为，这项措施改善了国家财政，增强了国力，为抵抗匈奴发挥了重大作用。提到匈奴问题时，与会者更是就"法治"与"德治"等问题也进行了激烈的辩论。经过论辩，朝臣们肯定了汉武帝时期的基本政策，同时也提出要面对现实，根据形势的发展变化对这些过去的政策进行相应调整。七月，在霍光主持下，朝廷下令取消酒专卖政策，其他各项政策，比如盐铁专卖，仍维持不变。

盐铁专卖政策虽然没被改变，但是，桑弘羊在会议上成为贤良文士们批评和打击的对象。会议之后，霍光授予参加会议的贤良文士一个列大夫的官爵，以示优待，令桑弘羊心中不快。此外，桑弘羊也为自己的子弟向霍光求官，遭到霍光的拒绝而气愤不已。

于是，桑弘羊、上官桀父子及长公主串通一气，勾结燕王刘旦，策划发动政变，欲先除霍光，然后废黜汉昭帝，策立燕王刘旦为帝。有人问该如何对待小皇后？皇后的父亲上官安答："逐麋之狗还顾得上兔吗？"元凤元年（前80）八月，上官桀等人乘霍光到广明都试①之机，以燕王名义上书，罗列霍光的三大罪，诬告霍光专权自恣，疑有异常。汉昭帝虽然只有14岁，却头脑机敏，能识贤愚，明辨是非。他当着上官桀的面，对大臣们说："大将军是忠臣，是先帝嘱托辅助我的人，有敢诽谤他的，依法治罪！"上官桀等人见诬告不成，又策划让长公主出面宴请霍光，企图乘机加害。但是，密谋消息泄露。九月，霍光先发制人，以谋反罪处死上官桀父子、桑弘羊等人，诛灭宗族。长公主、燕王刘旦自杀。皇后因年少，又未参与此事才没被废。

粉碎政变后，霍光"威震海内"，汉昭帝对他更加倚重。

元凤四年（前77）正月，汉昭帝年满18岁，举行了加冠礼，开始亲政，但军国大事仍由霍光执掌处理。霍光虽执掌大权却并不跋扈，君臣相安无事，政局稳定。霍光继续推行轻徭薄赋、与

---

① 汉代一种讲武习兵的考试制度。

民休息、与匈奴和亲的政策，使汉朝走上了国力恢复、经济发展的道路。

元平元年（前74）四月，汉昭帝刘弗陵暴病死于未央宫，在位13年，终年21岁，葬平陵，谥为"孝昭皇帝"。

污茵驭吏习边方，阿保宫人畏霍光。

丞相马前人蹀血，病牛何足累阴阳。

——〔宋〕陈普《咏史上·邴吉》

霍光立宣帝

国不可一日无君。昭帝生前没有留下一儿半女，储位虚悬。昭帝死后，有大臣主张，拥立汉武帝六个儿子中唯一健在的广陵王刘胥为帝。但是，刘胥行事不检点，有失皇家体统，武帝在世时都不重用他，因此，霍光对大臣的这一建议甚感不安。有郎官上书称，拥立皇帝主要看他是否合适，不一定要考虑辈分的大小。霍光认可这一看法，并把这份奏书转给丞相杨敞，请大臣们商议。经过商讨，朝臣们一致同意拥立武帝的孙子、20 岁的昌邑王刘贺。霍光以上官皇后的名义颁布诏令，遣少府乐成、宗正刘德、光禄大夫邴吉等人，去昌邑（今山东巨野南）迎接刘贺入长安。

元平元年（前 74）六月，刘贺以皇太子的身份接受了皇帝玺绶，继承皇位，尊昭帝遗孀也就是霍光的外孙女、16 岁的上官皇后为皇太后。

出乎霍光意料的是，刘贺竟是个不学无术的纨绔子弟。登基后，刘贺马上给亲属和从昌邑带来的亲信们封官晋爵；无视帝王礼制，在给昭帝服丧期间，拜祭自己的父亲，在告示中自称"子嗣皇帝"；随意将诸侯王、列侯、二千石以下官员的印绶发给身边的奴婢佩带，大臣们的进谏全然不听。不仅如此，胸无大志的刘贺还荒淫放浪，见到美貌宫女，便立即召入饮酒作乐、侍寝。

拥立了这样一位天子，让霍光甚感忧懑，在大司农田延年的支持下，霍光决定废掉刘贺。

田延年首先与车骑将军张安世商讨了废君之计，并召丞相、御史、将军、列侯、中二千石、大夫、博士等人，准备联名上书未央宫，议废刘贺。废除皇帝可是惊天大事，群臣初闻时，个个目瞪口呆不敢发言，胆小怕事的丞相杨敞也表现得唯唯诺诺。但是，在霍光、田延年、张安世三人的威慑之下，大臣们又见风使舵，纷纷表示："万姓之命在于将军，唯大将军令！"由此与群臣达成共识，霍光即与群臣上报皇太后，由皇太后召刘贺伏前听诏。这一天，是刘贺当上皇帝的第 27 天，刘贺入殿刚刚跪拜皇太后，皇太后就命令霍光夺去刘贺的玺绶，奉呈皇太后，皇太后又下诏遣返刘贺回昌邑，改昌邑国为山阳郡。

告别刘贺时，霍光说："臣宁负王，不敢负社稷。"随后涕泣而去。不久，太后又下诏改迁刘贺至房陵（今湖北房县）；同时，下令车骑将军张安世率羽林骑，逮捕刘贺身边的 200 多名来自昌邑的亲信大臣，并全部处死。罪名是不举奏刘贺的罪过、蒙蔽朝廷，不能辅导刘贺，令其恶习百出、祸国误民。

解决了刘贺的问题，皇位再次出缺。这时，前廷尉监邴吉上书霍光，声称汉武帝的曾孙刘病已年已十八九岁，通晓经术，聪明贤德，躬行节俭，慈仁爱人，可立为皇帝。

刘病已，字次卿，是汉武帝的曾孙、皇太子刘据的孙子。刘据是武帝与皇后卫子夫所生，也是汉武帝最疼爱的皇太子；刘据与妃子史良娣生刘进，号称"史皇孙"；史皇孙与夫人王翁须生刘病已，号称"皇曾孙"。

刘病已虽是皇族后代，经历却很坎坷。他出生数月，就发生了前面提到的"巫蛊之乱"，皇太子刘据及其夫人、三儿一女都被陷害而死，只遗下了婴儿刘病已。当时，廷尉监邴吉受命处理"巫蛊案"，怜悯刘病已年幼无辜，将其托给两个谨厚的女犯抚养。数年后，适逢大赦，戾太子及其后人的皇族身份得以恢复，邴吉将5岁的刘病已送到其祖母史良娣的老家，史良娣的母亲虽已老迈，因怜爱孩子幼孤而亲自抚养。后来，刘病已被转送入掖庭（后宫），由掖庭令张贺抚养，张贺怜爱病已，自己出钱供他上学。病已长大后，娶了暴室啬夫①许广汉之女为妻，还有了一个儿子（后来的汉元帝）。

刘病已幼遭家难，长于下层，虽"喜游侠，斗鸡走马"，却也节俭好学，且"具知闾里奸邪、吏治得失"。元平元年（前74），这位历经苦难的"皇曾孙"终于在18岁这一年，龙飞九五，坐登

---

① 暴室啬夫为官名，隶属掖庭令。暴室为宫中织作染练工厂，同时宫中妇女有病及皇后、贵人有罪，都幽禁于此室，故亦称暴室狱。

大宝。

七月，霍光召集丞相以下百官商讨皇位继承人选之事，最终确定拥立刘病已为皇帝。刘病已被召入未央宫面见太后，先被封为阳武侯，再即帝位，改名刘询，史称"宣帝"。

八月，丞相杨敞去世。霍光提升御史大夫蔡义为丞相，提拔左冯翊田广明为御史大夫。此时的蔡义年已80多岁，弯腰曲背，通常需要两吏扶持才能行走。

九月，新皇帝依照惯例大赦天下。十一月，立许氏为皇后。公元前73年正月，依例改元，号为本始元年，并下诏封赏定策功臣。增封大将军霍光，食邑1.7万户；车骑将军张安世，食邑万户。

此时，霍氏家族已经权倾朝野。霍光的儿子霍禹、侄孙霍云同为中郎将，霍云的弟弟霍山为奉车都尉，统领胡骑、越骑两支禁军，霍光两个女婿分别担任未央宫和长乐宫的卫尉，禁军兵权尽归霍氏一门掌握。霍家的其他亲属或为诸大夫，或为骑都尉，或为给事中，党亲连体，盘踞朝廷。宣帝继位后，霍光表示要"归政"给这位成年的宣帝，但是宣帝非常明智，自知根基尚浅，谦让不受，继续"委任"霍光辅政，并让大臣们"诸事皆先关白光，然后奏御天子"。

本始二年（前72）春，有人告发主管全国财政的大司农田延年，称他在昭帝发丧时虚报租用民车的费用，贪污3000万钱。田延年与霍光的关系非同一般，霍光以为田延年会向他说出实情，于是召问田延年，田延年矢口否认。可是，田延年经不住调查，他主管财政的几年时间里，巧做手脚，大肆贪污的问题很快被查出。御史大夫田广明觉得，田延年当年废昌邑王刘贺立有大功，因此替他向霍光求情。霍光没有给这个人情，而是传话让田延年入狱待审，田延年不愿入狱被人耻笑，最后选择了自杀。

在对外问题上，霍光果敢决断。本始二年秋，匈奴数次侵犯汉边，又西伐乌孙国。乌孙国国王昆弥及解忧公主①数次遣使上书，称昆弥愿发精兵 5 万骑击匈奴。应乌孙之请，霍光决定给予匈奴一次猛烈的打击。汉朝廷派出御史大夫田广明为祁连将军，后次军赵充国为蒲类将军，云中太守田顺为虎牙将军，及度辽将军范明友、前将军朝增等五将军率兵 15 万，校尉常惠持节护乌孙兵，共击匈奴。

次年五月，常惠先期抵达乌孙，乌孙昆弥（王）亲自率领 5 万骑与汉校尉常惠趁匈奴无备，从西方攻入匈奴右谷蠡王王廷，俘虏单于父辈及嫂、居次公主、名王、都尉以下 4 万人，获牲畜 70 余万头。而正面战场的匈奴，得知汉军发动大规模的全面进攻

---

① 解忧公主（前 120—前 49），第三代楚王刘戊的孙女。景帝时期，刘戊参加七国之乱，兵败身亡。解忧公主和家人因此长期受到猜忌和排斥。公元前 101 年，汉武帝为了巩固与乌孙的联盟，将 20 岁的解忧公主嫁给乌孙王。她一生经历了三个丈夫，都是乌孙王，直到年过 70 岁时，上书汉朝皇帝陈述思乡之苦，得以回到汉朝，天子怜悯她的境遇，还亲自出城迎接她回归。

时，早已都如鸟兽奔逃，五将军俘斩四处逃窜的匈奴3000余人。

是年冬，匈奴单于亲率数万骑兵攻击乌孙，掳获乌孙百姓欲返程，正遇天下大雨雪，民众、畜产冻死大半，生还者不到十分之一。于是，丁零、乌桓、乌孙三国乘势共同进攻匈奴，杀匈奴数万人，俘获马匹数万、牛羊甚多。从此，匈奴势力大衰，先前归附匈奴的各国也都瓦解。为了彻底打击匈奴，汉朝廷又派3000余骑分三路攻入匈奴，生俘数千人而还。匈奴招架不住，被迫与汉和亲，边境渐趋安宁。

本始三年（前71）在进攻匈奴期间，龟兹（今新疆库车）又起兵，杀了汉朝校尉赖丹。常惠请求发兵击之，得到大将军霍光批准。

常惠征调西域诸国4万兵马，乌孙兵7000人，从三面进攻龟兹。同时，派使者到龟兹声讨其杀汉使的罪责。龟兹王恐惧屈服，声称杀汉使一事为姑翼所为，并将姑翼献出。常惠将姑翼斩杀后退兵。就此，大汉帝国在西域再次树立了权威。霍光将边塞之外修筑的前哨城堡放弃，以减轻百姓的负担。

在汉朝廷攻打匈奴之际，本始三年正月，怀孕待产的许皇后无故暴死。宣帝派人审问所有的医生，女医生淳于衍的嫌疑最大，被捕入狱。淳于衍是掖庭户卫淳于赏的妻子，因为精通医理，被召入皇宫伺候许皇后，而霍光夫人霍显与淳于衍相识多年。霍显一直希望小女儿霍成君能成为皇后，在未与霍光商量的情况下，自行收买淳于衍以药鸩杀许皇后。淳于衍被抓后，霍显怕事情败露，才将实情告诉霍光。霍光得知真相后，大为惊恐，为了自保，霍光遮掩真相，侥幸过关。

不久，霍光出面，宣帝将霍成君纳入后宫。本始四年（前70）立为皇后。

霍光主持朝政期间，宣帝也并非旁观者。宣帝长于民间，深知百姓苦更严急，他得知河南太守黄霸执法公平，以宽和出名，便于本始元年（前73）提拔为廷尉，主管刑法和监狱以及审判案件。黄霸上任后，数决疑狱，所属司法官员都称他执法公平。

地节元年（前69），宣帝再提拔于定国为廷尉。于定国断决疑案，量刑得当，又以执法公平宽恕著称。朝野赞叹："张释之为廷尉，天下无冤民。于定国为廷尉，民自以不冤。"

此时的霍光位高权重，却也并未辜负汉武帝的托付，他忠于汉室，不敢有丝毫松懈，"知时务之要"，实行武帝晚年所定的减轻赋役、节约民力、与民休息的政策。

尽管宣帝不想做傀儡，无奈霍家势力权倾朝野，只有忍耐。霍光每次朝见时，宣帝都"虚己敛容"，以礼相待。直至地节二年（前68）三月，宣帝终于不用再看霍光的脸色过日子了。

官安脣饮贵仍骄，父子同诛题孝昭。

博陆时方专国柄，济阴早已被弓诏。

老妻安得谋灵姬，劣女刚将冠内貂。

白云副封奇祸作，后车倾覆更萧条。

——〔宋〕李吕《吊霍光》

宣帝灭霍氏

地节二年（前 68）三月，大司马、大将军霍光去世，宣帝亲政，提升车骑将军张安世为大司马、车骑将军领尚书事。

宣帝对霍光怀有复杂的感情，每次与霍光一起坐车外出，宣帝总有芒刺在背的恐惧感，但内心里仍然感激霍光的拥立之恩。霍光病重期间，宣帝曾亲自前往探望，为之痛哭，并加封霍光之子霍禹为右将军，以示对霍氏家族的安慰。霍光死后，宣帝及皇太后亲自为其吊丧，霍光也像他的哥哥霍去病一样，得到了人臣的最高荣誉——从葬汉武帝的茂陵。

霍光侍卫武帝 30 多年，辅佐昭、宣帝，兼持政权 20 年。掌权期间，鼓励农业，减轻赋税，边患渐缓，算得上恪尽职守。但是，霍氏子弟权倾朝野对宣帝来说终是隐患，而宣帝却不急于解决，继续封赏霍光的子孙，任命霍光兄长霍去病的孙子霍山为奉车都尉领尚书事，准许霍光夫人及诸女出入宫禁，让他们继续享受荣华富贵。同时，宣帝也加强外朝的权力，以魏相为给事中，可出入禁中，接近皇帝，商量要事。

早在昭帝年间，魏相出任河南太守，整顿吏治，抑制豪强，禁止奸邪，以执法严厉著称。当时，丞相田千秋的儿子在河南任职武库令。田千秋死后，其子因惧怕魏相执法严厉而弃官归家。霍光认为是魏相在田千秋死后斥逐其子，有人就揣摩上意，诬告魏相残杀无辜，此事一经传开，河南吏民万人为魏相求情，霍光不许，将其下狱，后来赶上大赦才得以释放。

获释后，魏相先为茂陵县令，后升迁为扬州刺史，因深得民心又有政绩，两年后升为谏大夫，复为河南太守。魏相考察发现各郡国守相有不称职者，就会尽行上奏，玩忽职守的太守们多被贬逐。元平元年（前74），魏相升任大司农，迁御史大夫。

霍光死后，魏相上书称"霍氏骄纵不法"，请宣帝裁夺其权势。魏相的上书正合宣帝的心意，宣帝虽然尚未对霍氏家族下手，魏相却成为宣帝抑制霍氏势力的最佳助手。宣帝还是肯定霍光的功德，称霍光"功如萧相国"，并且继续执行霍光"轻徭薄赋，与民休息"的政策。

宣帝亲政后，兢兢业业，"五日一听事，自丞相以下各奉职奏事，以傅奏其言，考试功能。侍中、尚书功劳当迁及有异善，厚加赏赐，至于子孙，终不改易。枢机周密，品式备具，上下相安，莫有苟且之意"。

地节三年（前 67）四月，宣帝立被霍光夫人霍显毒害的许皇后之子刘奭为太子，封许皇后之父许广汉为平恩侯，又加封霍光兄孙中郎将霍云为冠阳侯。六月，宣帝任命魏相为丞相，任命邴吉为御史大夫，疏广为太子太傅，疏广兄长的儿子疏受为少傅。

宣帝立太子，显然是为了抑制霍氏的势力，霍显心生怨恨，再次心生毒计，与小女霍皇后密谋毒杀太子。皇后几次召见太子都赐给食物，但是太子的保姆和奶妈总是先尝过之后再让太子吃，皇后拿着毒药，无从下手。

霍光死后霍氏成员骄横奢侈、不知收敛。霍显大规模兴建府第，制造与御用规格相同的辇车；霍禹、霍山也扩建宅第；霍云几次在朝会时称病缺席，私下却自带着宾客出游；霍显和她的几个女儿，昼夜随意出入上官太后的长信宫，不知避讳。

当时霍山、霍禹并领尚书事职务。汉初，吏民百官上书言事都是一式两份，即正副二封，先由领尚书事阅副封，若所言不合，正封将被搁置，不再上奏。霍光领尚书事时更改了规则，所有奏章自己先批阅，再送达皇帝，这样一来，吏民百官的意见无法直接上达皇帝。因此，丞相魏相建议宣帝：令吏民百官可奏"封事"不经领尚书事。为了加强皇权，宣帝采纳了这一建议。

但是，尚书权力被削弱时，由宦官控制的中书职官的权限自然就被扩大了。无论是吏民上书，还是诏令的拟定发布，都开始经由中书负责，宣帝认为，这是保证君权独尊的最佳方式。

言路畅通了，告发霍氏不法行为的奏章也源源不断地传送到宣帝手中。最令宣帝不能容忍的是，霍显毒死许皇后的奏文。这份奏文，令宣帝心中累积多年的怨恨终于爆发，开始有计划地铲除霍氏集团。

宣帝任用外戚许氏子弟代替霍氏为禁军将领，将霍光的女婿度辽将军、未央卫尉、平陵侯范明友调任光禄勋，将霍光的二女婿诸吏、中郎将、羽林监任胜调出京师，任安定太守。几个月之后，又将霍光的姐夫给事中、光禄大夫张塑调出京师，任蜀郡太守，将霍光的孙女婿之一、中郎将王汉调任武威太守。不久，又将霍光的大女婿长乐卫尉邓广汉调任少府。

八月，宣帝任命张安世为总统禁军的卫尉，统领未央、长乐两宫卫尉、长安十二门的警卫部队和北军。张安世是当年抚养宣帝的掖庭令张贺的哥哥。同时，任命霍禹为大司马，却不让他戴照例应戴的大官帽，而戴小官帽，也不颁给印信、绶带，还撤销他以前统领的屯戍部队和官属，只是官名与霍光同样为大司马而已。接着，又将范明友的度辽将军印信和绶带收回，只留光禄勋一职。霍光的另一个女婿赵平本为散骑、骑都尉、光禄大夫，统领屯戍部队，也被宣帝收回骑都尉印信和绶带。

经过一番调整，宣帝将所有统领胡人和越人骑兵、羽林军以及未央、长乐两宫所属警卫部队的将领，都交由许氏和戾太子妻史氏两家子弟担任。而霍氏成员却不甘心大权旁落，决定铤而走险，密议谋反，打算废宣帝，立霍禹为帝。只是，今非昔比，手无兵权就谋反谈何容易。地节四年（前66）七月，霍氏的阴谋败露，霍光的侄孙霍云、霍山自杀，霍禹被腰斩，霍显及其六个女儿、女婿、孙婿，悉数被处死。近戚疏亲，辗转连坐，诛灭不下数十家，连霍去病的后人也因受牵连被处死。只有金日磾的次子金赏，因事先得到消息，抢先赶到宣帝面前，说要与霍光的女儿离婚，免于一死。皇后霍成君被废，幽禁在昭台宫，12年后被赶到云林馆，被迫自杀。富贵至极的霍氏家族完全覆灭。

后土化育兮四时行，

修灵液养兮元气覆。

冬同云兮春霡霂，

膏泽洽兮殖嘉谷。

——〔汉〕班固《论功歌诗》

宣帝中兴

霍氏虽被灭族，但是霍光秉持着的治国方针依然被宣帝坚定执行着。即：对内注重发展农业生产，与民休息，整顿吏治，惩治腐败，安定社会；对外安抚匈奴，罢兵休战，稳定边疆。在此基础上，宣帝结合实际情况进行了必要的补充和改革。

宣帝成长于民间，深知百姓疾苦，懂得吏治的重要性。他每隔五日，便要听取丞相及下属部门报告的本职工作，同时重视刺史、郡守的选用。每当朝廷要任命刺史、郡守时，宣帝都亲自过问。对于政绩显著的郡守、刺史，他亲自颁发文书，加盖国玺，以示鼓励，并增加俸禄，加以赏赐。待朝廷公卿大臣有缺位时，再选拔他们接替。在新任刺史、郡守赴任之前，宣帝要亲自接见，当面考察、听取其工作计划，便于日后对官员进行政绩考核，这就是史书上所说的"循名责实"。

经过整顿，宣帝时期，出现了一批精明干练的能吏，如渤海太守龚遂、颍川太守黄霸。他们"上顺公法、下顺人情"，改变了过去吏治过于苛严和败坏的现象，避免了社会矛盾的激化，稳定了政治局势。史籍称宣帝时期人才之盛仅次于武帝之时。

汉宣帝虽然遵循前朝的政策方针，但是在统治思想上有自己的思考。他采用"霸王道杂之"的治国理念，以"法家""儒家"思想并用的原则，将儒家的仁政礼教之说布于外，以法家的刑名法术之学藏于内。所以，针对刑狱审判不合理的现象，宣帝一方面强调法制建设，主张执法严明，惩治不法的官吏和豪强；另一方面又废除苛法，平理冤狱，缓和社会矛盾。为了保证执法的严肃性和公正性，宣帝还亲自参加一些案件的审理。

地节三年（前67），宣帝下令增设廷尉平一官，定员四人，专掌刑狱的评审和复核，从制度上保证了执法的严肃性。地节四年（前66），汉宣帝诏令废除"首匿连坐法"，无罪亲属不再遭受牵连。之后，又赦免所有因上书触犯皇帝名讳者的刑事责任。五凤四年（前54），派遣丞相属官24人到全国各地巡察，平理冤狱，检举滥用刑罚的官员。汉宣帝在位25年，先后颁布了10次大赦令。史籍中称："宣帝即位，用吏多选贤良，百姓乐土，岁数丰穰。"

地节三年（前67）十月，宣帝下诏，将皇家用来骑射、宴游的苑囿和公田分派给贫民和流民耕种，鼓励流民返乡定居，还贷给种子与食物供其使用，免除当年的算赋和徭役。同年，下令减天下盐价，纠正了由来已久的盐价偏高、人民负担过重的弊端。元康元年（前65），宣帝再次下诏，将赈贷给贫民的种子与食物一笔勾销，不再追讨。甘露二年（前52），宣帝又下诏，减去百姓六分之一的赋税。这一系列措施的实施，进一步巩固了"轻徭薄赋，与民休息"的政策。

朝廷还派出农业专家蔡葵为"劝农使"，巡视全国，指导农业生产。在汉宣帝的大力倡导下，各级地方官员都把劝课农桑、发展生产当作急务。因而农业发展平衡，连获丰收，人民的生产积极性也被充分调动起来。在促进农业经济发展的同时，也为商业发展提供了良好的环境。

自从张骞通西域、开辟了"丝绸之路"之后，汉朝的对外贸易也逐渐发展起来。都城长安及洛阳、邯郸、临淄、宛城、成都等城市，都发展成为重要的商业中心。其中，长安城也由最初东、西两个市场，发展至九个市场。

在处理与周边少数民族的关系时，宣帝采取软硬皆施的方法，使民族关系稳步发展，北方边境长期安宁。

自本始二年（前72），朝廷派范明友、赵充国等五将军攻匈奴后，匈奴的力量日渐衰弱。此后，匈奴衰耗，边境少事。神爵元年（前61），宣帝派名将赵充国平息了西羌族的叛乱，并留兵屯田湟中，置金城属国管理归附的羌族各部落，加强了汉朝廷对西羌的控制。

神爵二年（前60），匈奴虚闾权渠单于死，引起内部分裂。

不久，匈奴出现了五单于分立的局势，再次陷入混乱之中。经过一番鏖战，最后只剩下呼韩邪及其兄长郅支单于两部。呼韩邪单于是老单于的长子，战败穷困，走投无路，决计归顺汉朝。

甘露元年（前53），呼韩邪单于开始率部南迁靠近长城一带，并派儿子右贤王到长安入侍汉朝皇帝。甘露三年（前51）正月初一，呼韩邪到长安觐见，宣帝派车骑都尉韩昌专程迎接，在呼韩邪所经七个郡均有两千车骑列队迎候，以诸侯王以上的隆重礼节接待。呼韩邪在长安住了一个多月后，归附之心更为坚决。于是，要求率部众住在光禄塞下，有事可保卫汉城邑。宣帝派董忠、韩昌率1.6万骑兵，送单于出长城要塞，又命董忠帮助安定匈奴内部的秩序。这时，北匈奴郅支单于则远徙中亚吉尔吉斯西北一带。从此，汉匈之间结束了长达150多年的争战状态，建立了匈奴呼韩邪政权对大汉王朝的政治隶属关系，密切了塞北与中原地区的政治、经济和文化联系。此后数十年之间，北方边境不见烽火，牛马遍野，人民蕃盛，一派和平景象。

在思想文化方面，宣帝主张经学各派兼收并蓄。自汉武帝以来，随着儒家学说被重视和推广，儒学的传授版本也各不相同，诸家的传注也没有统一。为此，甘露三年三月，汉宣帝亲自主持经学大会，诏诸儒臣讲究"五经"异同，又命萧望之等人对"五经"各异本进行校订，最终版本由宣帝裁决。汉宣帝此举，不仅进一步促进了儒学的发展，也为统治者利用经学思想巩固政权起到了积极作用。

朝阳不再盛，白日忽西幽。

去此若俯仰，如何似九秋。

人生若尘露，天道邈悠悠。

齐景升丘山，涕泗纷交流。

——〔魏〕阮籍《咏怀》

始走下坡路

黄龙元年（前49）宣帝病重，托付三位大臣辅政，一位是外戚侍中乐陵侯史高，另两位是刘奭的老师——太子太傅萧望之和少傅周堪。同时，任命史高为大司马、车骑将军；萧望之为前将军、光禄勋；周堪为光禄大夫，领尚书事。同年十二月，43岁的宣帝崩于未央宫，

27岁的皇太子刘奭继位，是为汉元帝。

刘奭继位初，朝政未有改变，依然继续关注民生问题。初元元年（前48）三月，朝廷下令将三辅、太常、郡国的公田及苑囿省下来作为耕地借给农民。资产不满千钱的农民，由政府出资贷给种子、粮食。九月，关东十一郡国发生大水灾，灾民因饥饿而致人相食。元帝下令转输灾区近郡钱粮救济灾民。同年，匈奴呼韩邪单于上书元帝，言民众困乏。元帝语令云中（今内蒙古托克

托古城镇）、五原（今内蒙古包头西）郡调拨两万斛粮食资助单于。

但是，元帝刘奭不认同其父"内法外儒"的统治思想。做太子时，刘奭曾认为宣帝"持刑太深"，建议重用儒生，被宣帝斥责道："汉家自有制度，本以霸王道杂之，奈何纯任德教，用周政乎！"宣帝还为此忧虑地说："乱我家者，太子也！"

刘奭柔仁好儒，重视经学。继位后，独尊儒术并大力擢用儒生。经萧望之推荐，刘奭对博学多才的大儒刘向、忠正耿直的金敞付以重任，加官给事中，可出入宫禁，参与机密。元帝听说王吉、贡禹是明经洁行的儒学大师，就派使者前去征召。王吉在赴京途中病死，贡禹进京后拜为谏大夫，不久升为御史大夫，位列三公。

治国理念的转变，导致附属君权的派系之间出现了争权夺势的现象。

宣帝执政时，不完全重视儒术，在加强皇权统治时，又给予中书宦官的权力大于朝臣。宦官中书令弘恭、石显因久典枢机，又明习文法、熟悉朝务，备受宣帝宠信。元帝即位后，萧望之建议罢免中书宦官，更用士官；而中书机构作为治政之本，应当选用贤明之人，不应任用宦者。弘恭、石显得知此事，对萧望之记恨于心。

萧望之、周堪是史高的副手。史高虽然以外戚身份"领尚书事"，但是，元帝更倚信自己的两位老师，令史高的心里很不平衡。石显饱览宦海沉浮，工于心计、善于钻营，开始渐与史高结盟。朝廷中就形成了以弘恭、石显为首的中书势力和以萧望之、周堪为首的尚书势力，双方明争暗斗，愈演愈烈。

初元二年（前47），萧望之被弘恭、石显诬陷下狱，两个月后被元帝赦免。数月后，又恢复爵位及给事中职位，元帝还打算任用萧望之为丞相。但是，弘恭、石显不肯罢手，想尽办法再次诬陷萧望之，并命执金吾派兵包围萧府。萧望之备感绝望，仰天叹道："吾尝备位将相，年逾六十矣，老入牢狱，苟求生活，不亦鄙乎！"竟然饮鸩自杀。这时是初元二年（前47）十二月。

元帝为人柔仁寡断，石显却善于揣测皇帝的心思，总会顺风承旨，处处让元帝称心如意。由此一来，朝政皆由石显裁决。萧望之、周堪死后，石显继续清除异己，陆续害死郑弘、张博、贾捐之、苏建等人，并迫害陈咸、朱云、王章等多人，使群臣畏惧，人人小心谨慎。

元帝将朝中大事小事都委任给宦官石显，自己则耽于声色。元帝时期，后宫嫔妃达3000人，宫中奴婢多达10万余人，开销也暴增。宦官专权，朝纲不整，吏治败坏之时，元帝还常常赏赐石显，钱财多达一万万钱。

由于元帝继位后，减去了70多项刑罚，又连年大赦，致使社会治安极其混乱。常常是今日大赦，明日犯法，相随入狱的现象频繁出现。缺乏约束的贪官们继续暴敛，而豪强大地主们更是肆无忌惮地兼并土地。

元帝即位第二年，边境再起事端。

珠崖山南县起兵反汉。汉武帝时期曾在南疆设立珠崖、儋耳（今儋州西北）郡，由于官吏对当地百姓的残酷压迫，经常激起武装反抗。元帝召集群臣讨论，欲发兵镇压。待诏贾捐之以为："如今，关东民众久受贫困，流离四方，以至嫁妻卖子。皇上应该急百姓之忧，救助饥馑、保全百姓，不能再将士众推之大海之中。"而且"珠崖弃之不足，不击不损威"。丞相于定国支持贾捐之的意见，认为，连年派兵攻击珠崖，统兵的护军都尉、校尉等共 11人，生还的只有两人，士卒及转输粮草的人死者万人以上，费钱3 亿多，尚不能平定。现在关东民贫饥乏，不能再烦劳百姓。于是，元帝下诏罢珠崖郡，停止用兵。

初元三年（前 46），元帝下诏废除珠崖郡，当地居民愿属汉，妥善安置，不愿属汉，也不勉强。珠崖郡在公元前 110 年由汉武帝设立，历时 64 年，在元帝时期废除。

永光二年（前 42）七月，陇西郡羌人旁支反叛汉朝，元帝召集群臣讨论对策，最后采纳了多数人的意见，派右将军冯奉世率12 万官兵前往征讨，结果被羌人杀退。八月，元帝又以太常任千秋为将军，征发 6 万军队开进陇西。十一月，汉军大破西羌，斩首数千级，余皆逃出塞。

同时，郅支单于又生事端。在公元前 48 年，由于呼韩邪上书请援，元帝下令云中、五原两郡输送两万斛谷物救援呼韩邪。对此，郅支单于心生怨恨，于初元五年（前 44），将元帝派遣的汉使

144

司马谷吉等人杀害。郅支单于自知得罪汉朝，想远走。此时康居王因不堪乌孙扰困，打算与郅支单于合兵攻灭乌孙，并允许郅支单于迁至康居。郅支单于欣然而往，与康居结交，引兵而西。谷吉等人被郅支单于击杀后，元帝三次遣使到康居，索要谷吉等人的尸体。郅支单于始终不予理睬，还侮辱汉使。

建昭三年（前36）冬，西域都护甘延寿、副校尉陈汤决定先斩后奏，在未向皇帝请示的情况下"替天诛伐"，假借汉朝廷的名义征发屯田车师的吏卒并调集西域 15 国军队共 4 万人，分两路进入康居，想让匈奴人明白"犯强汉者，虽远必诛"。陈汤与甘延寿此次出征诛斩了郅支单于，斩杀敌军 1518 人，俘虏 145 人，投降的还有千余人。郅支单于被灭，呼韩邪既高兴又害怕，担心汉朝会趁势消灭自己，于是在建昭五年（前34）上书汉朝，表示要入汉朝见汉帝，请求和亲。

竟宁元年（前33）正月，呼韩邪单于第三次入汉觐见汉帝，提出愿为汉婿，复通和亲之好，获元帝批准，把宫女王嫱以公主的礼节嫁给呼韩邪单于。

王嫱，字昭君，南郡秭归（今属湖北）人。元帝继位后不久，下诏征集天下美女补充后宫，王昭君以"良家子"，即清白人家的子女被选入宫中。尽管昭君相貌出众，却始终没有机会得到元帝的宠幸，入宫数年仍是待召宫女。得知朝廷选宫女与匈奴和亲的消息后，昭君慷慨应召，愿远嫁匈奴。在为呼韩邪举办的告辞宴会上，元帝让王昭君出来与呼韩邪单于见面。

据《后汉书·南匈奴列传》记载，王昭君"丰容靓饰，光明汉宫，顾景裴回，竦动左右"。见到如此风情万种的美人儿，呼韩邪单于喜出望外，元帝则追悔莫及。

王昭君离开长安时，元帝赐给她锦帛 2.8 万匹、絮 1.6 万斤及黄金美玉等贵重物品，文武百官送到十里长亭。她怀抱琵琶，戎装乘马出塞。为了纪念这次和亲，元帝还特地改元为"竟宁"，意为边境安宁。昭君出塞后，匈奴与汉朝长期和睦相处，汉匈民族间政治、经济、文化的联系也有所发展，边境安宁，百姓免遭战争之苦。

当年五月，在位 16 年的元帝死于未央宫，终年 43 岁。

郁郁朱云志不神，上方宝剑欲生尘。

空留折槛旌忠直，左右何赏去佞臣。

——〔宋〕石介《汉成帝》

成帝难成事

竟宁元年（前 33）六月，19 岁的刘骜继承皇位，是为孝成帝。刘骜的母亲王政君被尊为皇太后，舅舅平阳侯王凤被任命为大司马、大将军领尚书事，掌管全国军政大权。

刘骜善修容仪，目不四顾，手不指人，语言表达从容不迫，举手投足间无不体现出穆穆天子之容。但是，刘骜性格温和内向，谦恭有余而豪气不足，更缺乏一国之君该有的担当和魄力，任由强势的舅舅王凤执掌朝政。

王凤掌权后，宦官石显仍揽权用事，朝臣们敢怒不敢言。在王凤专权的路上，石显就是一块奸刁的"绊脚石"。因此，王凤奏请皇帝将石显调任到太后宫中管车马，夺去重权。丞相匡衡、御史大夫张谭，虽然曾经阿附石显，但此一时彼一时，见王凤势起，也就联手上奏弹劾，揭露石显及其党羽五鹿充宗等人的种种罪行。建始元年（前 32）十二月，刘骜下诏免去石显官职，勒令回籍济南，石显在返乡途中愤懑而死。

建始二年（前31）二月，刘骜开始封赏王氏家族的其他成员，封舅舅诸吏光禄大夫关内侯，王崇为安成侯，舅舅王谭、王商、王立、王根、王逢为关内侯。

皇亲国戚的日子是越过越舒坦，百姓的生活却举步维艰。刘骜在位期间，天灾不断，旱灾、水灾、雪灾、地震等自然灾害频发。建始三年（前30）秋，关内大雨40余日，民众大量死亡，疫病四处蔓延，盗贼并起，京师内外人心惶惶。七月的一天，京师长安一个小女孩呼喊着大水到来的消息，竟然未受任何阻拦就跑进了宫廷重地未央宫。随着她的呼喊，百姓也讹言大水至，奔走中相互拥挤踩踏，老弱号呼，长安城一片混乱。

建始四年（前29）四月，大雨连下10余天，黄河水暴涨，东郡金堤（今河南浚县西南）决口，洪水淹没馆陶（今河北东南部、卫河西岸）等4郡32县，农田15万余顷，毁官亭、房屋4万所。面对如此巨大的损失，御史大夫尹忠却称"所误有限，无甚大碍"，成帝怒斥尹忠不忧民，尹忠因此自杀。十一月，成帝下诏调发钱谷赈济遭水灾的郡县，又征发河南以东木船500艘搭救转移灾民9700余人。

河平元年（前28）年初，武库令杜钦向王凤推荐校尉王延世堵塞决口的黄河河段。王延世上任后，采用竹子编成大竹笼，在竹笼里装满碎石后沉到水底，再用石头和泥土砌成河堤的方法修复决口的河段。经过上万人36天的紧张施工，终于修复河堤堵塞决口。三月，成帝诏封王延世为光禄大夫，秩中二千石，赐爵关内侯、黄金百斤，并改建始五年为河平元年，以资庆贺。

成帝刘骜也知体恤百姓疾苦，继位之初，建始二年（前 31）正月，下诏减天下赋钱，每个成年人由年出赋钱 120 减到 80 钱，每人减赋钱 40。

为了加强皇权，建始四年（前 29）春，刘骜下诏罢中书宦官，初置尚书员五人。尚书是皇帝的秘书机构，确保皇帝对朝廷事务的控制。同年，任命王商为丞相。这个王商与王凤的弟弟同名，涿郡蠡吾（今河北博野西南）人，父亲是汉宣帝的舅舅。元帝时官至右将军、光禄大夫。在公元前 33 年，元帝生病，次子定陶王刘康和其母傅昭仪常侍奉左右，而太子刘骜很少觐见，于是元帝准备废掉刘骜，改立刘康。幸亏元帝宠臣师丹在病榻前为刘骜陈情，王商作为外戚重臣，也着力拥护太子。元帝最终才没有更换太子。刘骜继位后，王商备受敬重，先升为左将军，又升任丞相。

王商步步高升，无论家族背景，还是政治见识与能力，都不在王凤之下。只是两人在许多问题上的看法都不同，因此关系渐渐紧张。当时，王凤的姻亲杨肜为琅琊太守，后因其郡灾害频发，王商下令追究查办。王凤便派人向王商说情，被王商拒绝，两人由此结怨。

河平二年（前 27）六月，成帝刘骜再封外戚舅舅王谭、王商、王立、王根、王逢为列侯。列侯是二十等级爵位中的最高一级，又因五人同日封侯，世称"五侯"，外戚王氏集团崛起。

河平四年（前25）四月，王凤指使人诬告丞相王商，太中大夫张匡借日食攻击王商作威作福，残暴不仁；左将军师丹等人也协同王凤劾奏王商，性格软弱的成帝虽然十分尊重王商，却迫于舅舅的压力罢免了王商的相位。三日后，王商发病而死。

此时，成帝的皇权已被外戚控制。成帝听说光禄大夫刘向的儿子刘歆颇有才华，就想任他为中常侍，以便出入禁中。手下人提醒成帝，此事要经王凤同意才行。成帝不以为然，把这事交给王凤去办，没想到，王凤仅给刘歆安排了个黄门郎职位。不久，定陶王刘康来朝，成帝留他在京师伴驾，王凤认为成帝的做法不妥，将刘康遣回他的定陶国（今山东菏泽定陶区）。

皇权旁落，令成帝非常不满。王凤专权，也引起了朝臣们的忧虑。京兆尹王章一向刚直敢言，他虽是被王凤举荐的官员，却不亲近、依附王凤。阳朔元年（前24），王章以日食为由，密奏成帝，建议贬王凤，推荐冯野王①取代王凤。这件事被侍中王音知道，偷偷地通报给了王凤。王音是皇太后王政君堂弟王弘的儿子，侍奉成帝左右。王凤闻讯，以辞职相要挟，皇太后王政君也出面向成帝施压，成帝只好把王章打入死牢，杖毙狱中，其妻流放边陲。

王氏集团肆无忌惮地结党营私，专横跋扈，公卿大臣都不敢得罪王氏，许多郡国守相和刺史都是王氏门下。王氏五侯"争为

---

① 元帝时任陇西太守，有治绩，升为大鸿胪，成帝时任郡守。

奢侈，赂遗珍宝，四面而至；后廷姬妾，各数十人，僮奴以千百数"。阳朔二年（前23），皇室宗亲刘向进谏说"事势不两大，王氏和刘氏亦且不并立"，要求罢免王氏。成帝对此却是有心无力。

阳朔三年（前22）八月，王凤病死，王氏集团继续把持朝政，王根接替王凤辅政，王氏子弟们多任公卿、大夫、诸曹、侍中之职。"群弟世权，把持国柄"。

在王氏集团的地位继续巩固的同时，百姓的生活却每况愈下。全国各地，"群灾大异，交错蜂起"，"百姓财竭力尽"。更糟糕的是"公家无一年之畜，百姓无旬月之储，上下俱匮，无以相救"。走投无路的百姓被迫起义。

建始三年（前30），以儵宗为首的数百人，占据南山（今陕西西安南）起义，诛杀官吏，断绝交通，震动长安。次年十一月，谏大夫、守京辅都尉、京兆尹王尊率兵镇压了起义军。

河平三年（前26）九月，东郡茌平（今山东西部、徒骇河流域）侯母辟兄弟5人自封将军，聚众起义；阳朔三年（前22）六月，颍川铁官徒呻屠圣等180多人起义；鸿嘉三年（前18），兴州广汉郡（今四川金堂东）爆发了郑躬领导的起义；永始三年（前14）十一月，尉氏（今河南开封附近）人樊并等11人杀陈留太守起义；十二月，山阳（今山东巨野东南）铁官徒苏令等228人发动起义，夺取官府武库兵器，先后转战19郡国，杀死东郡太守、汝南都尉，后被汝南太守严欣镇压。

起义浪潮四面涌起，诸侯王、列侯、外戚等统治集团却仍然借势聚敛财富、兼并土地，竞相挥霍，肆意淫乐。永始四年（前13），孝成帝刘骜希望能改变现状，下诏称："世俗奢僭罔极，靡有厌足。公卿列侯亲属近臣，四方所则，未闻修身遵礼，同心忧国者也。"怎奈，此时的孝成帝"身轻言微"，一纸诏令只如微风过境，根本无力扫除世间污浊之气，统治集团腐朽依旧。

赠君一法决狐疑，不用钻龟与祝蓍。

试玉要烧三日满，辨材须待七年期。

周公恐惧流言日，王莽谦恭未篡时。

向使当初身便死，一生真伪复谁知？

——〔唐〕白居易《放言五首·其三》

王莽无声酿惊雷

王氏集团居于众人仰望的权位，胡作非为。天子刘骜任凭皇权旁落，不曾奋起力争，并且整日沉迷酒色，荒淫程度胜过其父。

鸿嘉三年（前18），汉成帝刘骜将赵飞燕召入宫中。赵飞燕原为阳阿公主家歌女，善歌善舞，体态纤美，以其倾城的美色赢得了刘骜的欢心，极受宠幸。入宫后，为了巩固地位，出身卑微的赵飞燕将妹妹赵合德推荐给了刘骜，两人都被封为婕妤，贵倾后宫，成帝原来宠幸的许皇后和班婕妤都失宠。赵氏姊妹并不满足现状，为了登上皇后宝座，赵飞燕又诬告许皇后、班婕妤挟媚道咒诅后宫及皇上。同年十一月，成帝废许皇后，班婕妤则因善于对答而免祸。

永始元年（前16），成帝立赵飞燕为皇后，又封赵合德为昭仪，所居昭阳宫，皆以黄金、白玉、明珠、翠羽装饰。

赵氏姊妹受宠十余年，却始终未能生子。为了维护专宠地位，赵氏姊妹对怀孕的嫔妃宫女极力摧残。元延元年（前12），曹姓宫女生子，成帝十分高兴，特派六名宫女伺候曹氏母子。赵昭仪得知后，假传成帝命令，派人将曹氏母子杀害，六名宫女也被迫自杀。后宫许美人生子，也被赵昭仪害死，史称"燕啄皇孙"。

赵飞燕姊妹争宠后宫，僭越礼制，汉高祖弟楚元王刘交的第四代孙、光禄大夫刘向深以为忧。他选取《诗》《书》中所记载的贤妃、贞妇作为楷模人物，摘录曾引起乱亡之祸的女宠孽嬖事件，共分类辑集了110名妇女的事迹，作为妇女规范的言行的典范，选编成书，题为《列女传》，献给成帝。遗憾的是，刘向的努力未能让重色轻德的刘骜离开温柔之乡。

除了有流传后世的《列女传》之外，这一时期在科技、文化领域也出现了传世之作。例如，御史氾胜之所撰《氾胜之书》是我国现存的最早的总结农业技术的农书；河平元年（前28）三月十八日，出现了太阳黑子，这一现象被记载在《汉书·五行志》中，留下了世界公认的最早的关于太阳黑子的记录。此外，《汉书·五行志》还详细记载了元延元年（前12）出现哈雷彗星的观察记录。

鉴于武帝之后宫内藏书多有散失，河平三年（前26），成帝诏命谒者陈农求天下遗书，将收集到的书存于天禄阁。同时，下诏由刘向负责收集整理。刘向死后由其子刘歆继续完成整理工作，并编写出我国最早的图书分类目录《七略》。

遗憾的是，传世之作的光芒，已经无法照亮汉王朝的前程。偏偏这时，历史的聚光灯，打在了王莽身上，此人正于无声之处酿惊雷。

王莽（前45—后23），字巨君，相貌奇丑无比。其父王曼是王凤的二弟，由于早死没有封侯，因此，王莽虽然贵为显赫的外戚，却自幼便过着清贫的生活，但是他那屈节恭俭、勤奋向学又行为检点的品性，让他的人生从此不同。

王政君当上皇太后那年，王莽14岁，与母亲相依为命，且小心翼翼地侍奉着执掌大权的伯父、叔父们。阳朔三年（前22），王凤病重，王莽衣不解带、不离左右地侍候着。王凤被感动了，弥留之际，将24岁的王莽托付给皇太后和成帝，拜为黄门郎，也就是皇帝的近侍、替皇帝传达诏令的官员。这是王莽的第一份公职，也是他政治生涯的起点。

与趾高气扬、骄奢淫逸的王氏子弟不同，王莽低调又内敛，居家孝敬母亲，照顾寡嫂，抚养侄子；对外广交俊才友人，又拜学者陈参为师，攻读经书。在腐败污浊的权贵之中，洁身自好、恭俭有礼。这样的王莽如同一股清流，格外引人注目，皇太后也对这个侄子颇有好感。

王莽的叔父大司马王商很看好这个侄子，向成帝上书，愿意分出自己的一部分封地给王莽。朝廷其他大臣也很欣赏王莽，长乐少府戴崇、侍中金涉、胡骑校尉箕闳、上谷都尉阳并、中郎陈汤等人纷纷给皇帝上书为王莽点赞，孝成帝也因此开始关注王莽。

永始元年（前16）五月，王莽被封为新都侯，建侯国于南阳新野（今属河南）之都乡，食邑1500户，被任命为骑都尉、侍中，身兼数职。

在一片赞扬声中，王莽仍然低调，生活简约、朴素，所得贡赋都用去资助穷困的儒生和名士，家里的车马、衣服也都送给有需要的朋友，弄得自己"家无所余"。由于王莽工作认真，效率很高，而且一举一动都符合儒家标准，令朝臣们交口称赞，声誉也高过他的叔叔们。

在成帝专心宠幸他的赵飞燕时，王莽正稳步向人生巅峰迈进。

绥和元年（前8），辅政五年的大司马王根病重，上书推举侄子王莽。同年，王莽接任大司马，掌握了大权。成帝采纳何武的建议，将御史大夫改为大司空，又把大司马、大司空的俸禄提高到与丞相相等的水平，确立大司马、大司空与丞相鼎足而立的三公制。王莽顺势问鼎权力顶峰。

王莽担任大司马之后，克己不倦，依然节俭成性。一次，他的母亲病了，公卿列侯们都遣夫人前去看望，王莽的夫人出门迎客，衣不曳地、腰间系着粗布护膝围裙。而当时达官贵族的女装讲究长可曳地、行不露足，因此，夫人们都把她当作王家的用人，待知是王莽夫人之后倍感惊讶，一时引起轰动。

绥和二年（前7）三月，尽享欢愉的成帝刘骜在赵合德的宫中突然死亡，在位26年，终年45岁。

成帝没有子嗣，死后由定陶王刘康的儿子刘欣继承皇位，是为汉哀帝。哀帝尊皇太后王政君为太皇太后，以王莽为大司马，孔光为丞相，何武为大司空，师丹为左将军、领尚书事。

接着，哀帝的祖母傅昭仪、母亲丁姬两家外戚成了权贵新宠，开始与王氏外戚发生冲突。太皇太后王政君命王莽主动辞职以缓和矛盾，但是哀帝刘欣不同意。

不久，在一次宴会上，内侍将傅太后的座位与王太后座位平等摆放，被王莽怒斥："定陶太后藩妾，何以得与至尊并！"下令搬走傅太后的座位，这事惹得傅太后大怒，拒绝出席宴会，并迁怒于王莽。不得已，王莽辞官，哀帝赐他黄金 500 斤，安车驷马，回封地南阳。

王莽虽然离朝，但他的政治生涯并未就此结束，一切都只是刚刚开始。

波涛路杳然，衰柳落阳蝉。

行李经雷电，禅前漱岛泉。

归林久别寺，过越未离船。

自说从今去，身应老海边。

——〔唐〕贾岛《送丹师归闽中》

太平皇帝"且须后"

汉哀帝刘欣登基时，社会矛盾日趋尖锐，民众揭竿而起，反抗的烈火四处蔓延，大汉王朝在风雨飘摇中蹒跚。

新帝王刘欣颇有朝气，更想有所作为，以振君威。面对王氏专权的现状，哀帝启用丁、傅两个外戚家族成员抗衡王氏集团。绥和二年（前 7）五月，封舅舅丁明为阳安侯，舅舅之子丁满为平周侯，封皇后之父傅晏为孔乡侯。同年秋，遣曲阳侯王根回封地，罢免成都侯王况，贬为庶人，又免去王根等人所推荐的官员。

刘欣登基之初就下令撤销乐府宫，以改变汉成帝时代形成的朝廷上下淫靡之音盛行之风。支持刘歆整理《五经》，完成其父刘向未完成的事业。并废除保荐子弟当官的任子令、诽谤诋欺法，允许掖庭宫女年长者可出宫嫁人，并增加小官吏的俸禄。

针对土地兼并愈演愈烈、奴隶制过于残酷的现象，大司马师丹向皇帝提出"限田""限奴"的建议，以解决社会焦点问题。

自汉朝初期开始，奴隶被分为生产性奴隶和非生产性奴隶。奴隶的主要来源为失去土地的农民。由于贵族、官僚、豪强霸占的土地越来越多，土地兼并发展到疯狂的地步，导致大量农民失去土地、流离失所，或横死道旁，或沦为奴隶，或为了生存用暴力铤而走险。师丹的建议得到丞相孔光、大司空何武等人的支持。经过群臣讨论，师丹与丞相孔光等拟出具体规定："诸王、列侯得名田国中，列侯在长安及公主名田县道，关内侯、吏民名田，皆无得过三十顷。诸侯王奴婢二百人，列侯、公主百人，关内侯、吏民三十人。年六十以上、十岁以下，不在数中。贾人皆不得名田、为吏，犯者以律论。诸名田、畜、奴婢过品，皆没入县官。"

这一方案对权贵、豪富们来说其实也只是"略为限"而已，但是，既得利益者们拒绝让出丝毫所得，以外戚丁氏、傅氏为代表的贵族官僚们也极力反对。对此，哀帝举棋不定，只好下诏说"且须后"，意思是说等等再办。但是，丁氏、傅氏子弟们却不肯等，一再使人上书诬告师丹。建平元年（前6）九月，哀帝迫于压力免去师丹的官职。

新帝王的一腔热血，在稍有阻碍后就选择了偃旗息鼓。师丹被免官之后，哀帝采用朱博的建议，尊其祖母傅太后为帝太太后，其母丁后为帝太后，与太皇太后王氏及皇太后赵氏同样尊贵。朱博也因此顺利升为丞相。

令人叹惜的是，汉哀帝徒有成就大业的决心，却无大刀阔斧革新的魄力和意志。似乎也意识到自己能力有限，汉哀帝刘欣除了给外戚加强权力这事能做之外，其他国家大事都打算交给上天来决定。

早在成帝时期，齐人甘忠可撰写了一部经书《天官历包元太平经》12卷，书中称："言汉家逢天地之大终，当更受命于天。"哀帝即位后，甘忠可的弟子夏贺良任待诏，哀帝听信夏贺良的说教，认为"汉家"气运已衰，须重新受命于天。建平二年（前5），哀帝下诏，改元"太初元将元年"，自己也不称"汉帝"了，改称"陈圣刘太平皇帝"。试图以这种"更受天命之意"，解决社会危机。只是，在危机还没解除时，夏贺良却忘乎所以了，又向哀帝提出更换当朝官吏的建议，趁机干预朝政。结果遭到文武百官的强烈反对。两个月后，哀帝突然醒悟过来，发现自己做了一件荒唐事，下诏收回改制的成命，夏贺良以诬罔惑众罪被处死。

哀帝见自己的种种操作均未能拯救这个"岁比不登，天下空虚，百姓饥馑"的国度，也渐渐失去了斗志，转而在男宠董贤那里寻求安慰。

董贤（前23—前1），字圣卿，云阳（今陕西淳化西北）人，御史董恭之子，初任太子舍人，哀帝刘欣继位后升为郎官。哀帝被董贤的仪貌吸引，封他为黄门侍郎，从此万分受宠。不久，董贤被任命为驸马都尉侍中，《汉书·佞幸传》记载，董贤与哀帝"出则参乘，入御左右，旬月间赏赐累巨万，贵震朝廷"。不仅如此，董贤的父亲也被封为少府，赐爵关内侯，董贤妻子的家人也都得到了官职，甚至董贤家的童仆也受到哀帝的赏赐。

哀帝对董贤的宠溺到了失去理智的程度。元寿元年（前2），哀帝打算封董贤为侯，丞相王嘉表示强烈反对。三月，刚刚上任一年的王嘉被下狱而死。同年九月，哀帝刘欣罢免大司马丁明，封董贤为大司马，群臣奏事都需先经过董贤。但是早在建平三年（前4），汉哀帝已经下诏罢了三公官职，为了让董贤稳坐大司马一职，元寿二年（前1）五月，哀帝恢复正三公官名，即大司马掌兵事，大司徒掌民事，大司空掌水土。于是，董贤为大司马掌握兵权，又任命丞相孔光为大司徒，御史大夫彭宣为大司空。

在哀帝胡作妄为之时，离朝的王莽却在韬光养晦中。

王莽回到封地南阳后，继续秉持一贯作风，结交名流儒学，不仅对待职位低微的名士毕恭毕敬，甚至对待奴婢也有所呵护。建平二年（前5），王莽的二儿子王获因怒打死了一个奴隶，这对于贵族们来说是平常小事。但是，王莽却认为"天地之性人为贵"，命令儿子王获以自杀赎罪。此事一出，世间哗然，王莽威望大震，不仅引起了社会的广泛同情，更是赢得了朝野上下的如潮好评。

元寿元年（前2）正月初一，发生了日食，朝臣周护、宋崇等人借此机会为王莽回朝助力，上书称："日食是错待王莽的天相，是上天在降罚。"哀帝听了为之惊恐，随即以伺候王政君为名，召王莽回京师。

王莽回朝，正是董贤得意之时。而董贤的荣华也只如昙花，刚刚开放就随着哀帝的离世一同败谢。

元寿二年（前1）六月，25岁的哀帝驾崩。此前，哀帝的祖母傅太后、母亲丁皇后都已去世。王政君又成为最高统治者，她立即下令：所有发兵符节、百官奏事、中黄门和期门兵皆归王莽节制。

哀帝无子，王莽与太皇太后迎立中山王刘兴①9岁的儿子刘衍为帝，是为汉平帝。平帝年幼不能临政，太皇太后临朝称制，行使皇帝的权力。执政之事，太皇太后只依赖王莽。就这样，王莽终于站到了权力舞台的中央，成为时代的主角。

---

① 刘兴是汉元帝的第三子，为冯昭仪所生，5岁时被封为信都王，后改封为中山王，公元前8年去世。

汉家殊未识经纶，入手功名事事新。

百尺穿成连夜井，千金购得解飞人。

——〔宋〕苏轼《王莽》

沽名钓誉"安汉公"

王莽复出后，第一件事就是罢免董贤。王莽上奏太皇太后王政君："大司马高安侯董贤年少，未晓事理，任大司马不合众心，请收缴印绶。"尔后，董贤被罢免，自杀。接着，太皇太后又令公卿大臣推举可任用的大司马人选。大司徒孔光、大司空彭宣皆举荐王莽，王莽再度出任大司马、领尚书事。

实权在手，王莽开始按自己的意愿行事。元寿二年（前1）八月，大司马王莽以孝成皇后赵飞燕杀害皇子、孝哀皇后傅氏骄僭为罪名，废二人为庶人，迫使她们自杀。

同年，太皇太后遵从朝臣们的意愿，加封王莽为太傅，号"安汉公"。其实，所谓的"朝臣们的意愿"，不过是经王莽暗示，党羽所为罢了。接着，王莽着手改革官制，设置"四辅"，位居三公之上，王莽为太傅领四辅之事，总揽朝政。

"四辅"分别为：太傅、博山侯孔光益封万户，为太师；车骑将军、安阳侯王舜益封万户，为太保；左将军、光禄勋甄丰封爵广阳侯，食邑 5000 户，为少傅；侍中、奉车都尉甄邯封爵承阳侯，食邑 2400 户。王莽知道太皇太后年老厌政，所以要求太后下诏，除封爵之外，其他政事均由"安汉公、四辅"决定，太皇太后自然遂了王莽的心愿。

此时，无论在朝中还是民间，王莽都有极高的威望。他依然生活俭朴，对人谦恭，笼络儒士，大义灭亲。王莽执政，臣民们似乎看到了振兴大汉王朝的希望。

元始二年（2）四月，郡国发生大旱灾和蝗灾，青州地区最为严重，灾民四处流亡。王莽号召官员们节俭度日，与百姓共患难，带头捐款 100 万钱，捐地 30 顷，救助穷人。随后，230 个贵族跟进，捐出大批粮食、土地，并组织农民捕杀蝗虫。同时，朝廷又在全国建立仓储制度，储备谷物，做赈灾之用。四月，"安汉公"王莽废除安定（今甘肃华亭一带）的皇室呼池苑，改设安民县，迁移穷人去住，由官府供给田宅什器并借贷犁、耕牛、种子和粮食等物资。又下令在长安城中造一条里巷，建住宅二百，让贫民居住。

元始三年（3）夏，王莽主持重订了"车服"制度，分等级确定国人的着装、住房、器用、婚丧式样，次年，又下令对老人、儿童不加刑罚，妇女非重罪不得逮捕。

元始四年（4），王莽下令各地兴建学校，以解决教育难题。其中，郡国中的学府称"学"，县、道、邑、侯国中的学府称"校"。学、校皆设置经师一人。乡中学堂称为"庠"，聚（村落）

中学堂称为"序"。庠、序各置孝经师一人。同时，下令扩大"太学"招生规模，使太学生数量超过万人。

在京城，王莽为学者成立了不少学术机构。凡是对古典文献有所专长，通古文、今文、经学及天文、历算、兵法、文字、方术（医学）、本草（药学）者都召到京师做研究，前后近千人闻讯而来，还征集能治河者百人之多。

在一系列的惠民政策得以实施之后，社会风气大为好转。王莽并没有因此而心满意足，他还有更重要的事情没完成。

为了巩固自己的专政地位，元始三年（3）夏，王莽上奏太皇太后说："哀帝背叛恩情道义，尊显外戚丁、傅两家，扰乱国家，几乎危及国脉。"强调刘氏王朝的统治地位要延续下去，要明确一脉相承的正统原则，不能再允许外戚干政。为此王莽上奏说："恭王母、丁姬身挟帝太后、皇太太后的印玺绶带而葬，请求发掘她们的坟墓取出。"虽然太皇太后不准许，但是在王莽的坚持下，太皇太后还是同意了。随后，王莽挖掘铲平了两座坟墓将印玺绶带取回，还将恭王母、丁姬的名贵梓木棺木及所穿用的珠玉制成的金缕玉衣统统更换。王莽借机将汉平帝的母亲卫姬封为中山孝王后，赏赐平帝舅父卫宝、卫玄关内侯爵位，下令他们留在中山国，不许进入京城。接着，王莽又把傅、丁两氏外戚全部赶出京城。

王莽的长子王宇，见父亲如此排斥卫氏，担心日后遭到报复，私下与平帝舅父卫宝通信，让平帝母亲卫姬上疏申请回京师，王莽拒不批准。王宇又与其老师吴章、妻兄吕宽商议对策，试图让王莽移交政权给卫氏。王莽知道此事后大为恼火，将儿子王宇投入狱中，逼其服毒而死。吕宽入狱，吴章被腰斩。与吕宽交往甚密的给事中薛况也被斩首示众。薛况的继母敬武公主（元帝之妹）被迫服毒自杀。远在红阳国（今荆州南阳一带）的红阳侯王立也未能幸免。王莽担心有朝一日姑母王太后起用叔父王立，使自己失宠，就派人逼迫王立自杀。卫氏支属也被王莽借机大肆株连、尽灭。当年王太后命令公卿大臣推举可任大司马者时，大司徒孔光和大司空彭宣皆举王莽，唯有何武与左将军公孙禄相善，两人互相举荐不理会王莽。王莽由此一直记恨在心。因此，何武也在这次事件中获罪被迫自杀。王莽此次排除异己的人数达百人，全国震动。

为了长期控制朝政，王莽将女儿嫁给平帝刘衎，立为皇后。元始三年（3），汉平帝刘衎12岁，太皇太后下诏为刘衎选立皇后。王莽欲擒故纵，上书给太皇太后说：自己无德，女儿无才，不配入选，不必加在待选名单上。太皇太后没有弄明白王莽的真实意图，竟然对王莽的"至诚"姿态大加褒扬，下令勿选王莽的女儿。结果，消息一传出，社会上反响强烈，庶民、儒士、百官都为王莽唱赞歌，每天都有上千普通老百姓和学生上书朝廷，要和朝廷论理，呼吁："愿得公女为天下母。"看着奏疏成山，太皇太后王政君只好收回成命，答应了民众的请求。次年二月，王莽之女顺利成为皇后。

按照古礼，皇后的父亲应有百里封地。有人上请以新野田地2.5万余顷益封王莽，以达百里之数。王莽推辞不受。聘皇后的礼金两亿钱，王莽只接受 6300 万，并拿出 4200 万周济刘氏宗族中的没落穷人，剩下的钱大部分孝敬王政君使用。王莽此举又感动了天下吏民，近 50 万人又上书，要求加赏王莽。众大臣也感念至深，提议加封王莽为"宰衡"。也就是将古时伊尹的"阿衡"和周公的"太宰"称号合并为"宰衡"①，作为王莽的称号，以显示王莽兼具这两位圣贤的功德。同年，王太后下诏宣封王莽为"宰衡"，其母赐号"功显君"，王莽的两个儿子被封为列侯。

元始五年（5）五月，以富平侯张纯为首的 902 名公卿大夫、博士、列侯、议郎等再联名向太皇太后上书，总结王莽的政绩，称颂王莽的功德，说他的德行"为天下纪"，他的功业"为万世基"。提议给王莽加"九锡"。"九锡"是古代帝王赐予有大功或有权势诸侯大臣的九种极尊贵的物品，包括车马、衣服、乐则、朱户、纳陛、虎贲、弓矢、铁钺、秬鬯。太皇太后又同意了。王莽接受了九锡，权势大异于群臣，威仪直逼皇帝。

但是，此时的平帝已经长大明事理了，对王莽贬抑其母卫后、铲除卫氏之事心生愤恨。王莽也看出平帝的不满情绪，决意为自己问鼎皇权扫除障碍。元始五年（5）十二月，在年终大祭时，王莽以进寿酒为名，毒死了 14 岁的平帝。

---

① 伊尹，商朝政治家，辅佐时政，被商汤王封为"阿衡"；周公，西周开国元勋。

167

龙门之桐，高百尺而无枝。中郁结之轮菌，根扶疏以分离。上有千仞之峰，下临百丈之溪。湍流溯波，又澹淡之。其根半死半生。

——〔汉〕枚乘《七发》

王莽篡汉

平帝死后，王莽称帝的野心越发显露无遗。有人上报说：在武功打井挖出一块白石，上面刻着"告安汉公莽为皇帝"。随即王莽指使朝臣，将此事上奏太皇太后，王政君不糊涂，回话说："此诬罔天下，不可施行！"接着，王莽堂弟、王音之子王舜又出面游说。太皇太后王政君明知这是人为的设计，却奈何不得王莽要称帝的野心，最终妥协，诏令，即日起称王莽"摄皇帝"。次年，王莽改年号为"居摄元年"，成了事实上的汉朝皇帝。

居摄元年（6）三月，王莽从宣帝的玄孙中挑选出 3 岁的小孩刘婴，立为皇太子，号曰"孺子"。王莽以王舜为太傅、左辅，甄丰为太阿、右弼，甄邯为太保、后承。又置"四少"：少师、少傅、少阿、少保，秩皆 2000 石。尊平帝王皇后、王莽的女儿为皇太后。

居摄二年（7）五月，王莽下令改铸货币。同时，下令列侯以下不准私藏黄金，若送交御府可以得到相当的货币。

王莽的作为，引发汉朝宗室刘氏和亲汉政权官员的不满。认为王莽"必危刘氏，天下非之，莫敢先举，此乃宗室之耻"。同年，安众侯刘崇与亲信张绍密谋，起兵反莽，不久失败。

九月，东郡（今河南濮阳西南）太守翟义招募郡中勇士，拥严乡侯刘信为天子，自号大司马、柱天大将军，发檄文告各地，讨伐王莽。郡国震动，近10万人响应。十一月，翟义在圉县（今河南杞县南）被王莽的从弟、成都侯王商之子王邑打败而死。

翟义起兵后，自茂陵以西23个县也相继起兵响应。槐里人赵明、霍鸿等自称将军，起兵反莽，焚烧官府，击杀官吏，队伍发展到10万余人。在计划攻打长安时，被王莽镇压。居摄三年（8）二月，赵明等人兵败被杀。

平息叛乱后，王莽认为时机成熟了，应该将"摄"字去掉了。

居摄三年十二月，梓潼（今四川梓潼）人哀章制作铜匮，上面附有两道封书题签，一道叫"天帝行玺金匮图"，另一道叫"赤帝玺某传予黄帝金策书"。这"某"指的是汉高祖刘邦，意喻刘邦早就做好顺应天命的准备，要把江山让于王莽。书签内写明，王莽是真天子，太皇太后应遵天意行事。接着，在王舜、平晏、刘歆以及王兴、王盛等人的支持下，哀章捧铜匮至高帝祠庙，交付高庙仆射。王莽大喜，在高帝祠庙接受铜匮，然后戴着王冠去见太皇太后。此时，王莽已经无所谓太皇太后王政君是否同意了，直接走上未央宫前殿，登基做了皇帝，定国号"新"。

随后，废掉刘婴①的皇太子名号，贬为定安公，赐给一块方圆百里的地方，把汉朝的宗庙也迁到那里。刘邦创建的大汉王朝，在历经210年后被王莽兵不血刃地画上了句号。

始建国元年（9）元旦，王莽在未央宫前殿举行了新朝皇帝的登基大典。王莽率公卿朝见太皇太后王政君，尊为"新室文母太皇太后"，立妻子王氏为皇后，立第四子王临为皇太子，并大赦天下。王莽共有四个儿子，长子王宇、次子王获都被他逼迫自杀，神志不清的三子王安，被封为新嘉辟（"辟"相当于"王"或者"君"）。

---

① 为了控制刘婴，王莽将原来的大鸿胪府改为安定公府，让刘婴住在那里，又下令乳母不得与刘婴说话。自王莽称帝起，刘婴就在这个府第里过着囚徒般的生活，长达15年。公元23年，更始的军队（绿林军）攻入长安，王莽被杀，平帝王皇后投火自焚而死。平陵人方望认为刘婴是汉家正统，应当君临天下，因此在公元25年起兵挟持刘婴，跑到临泾称帝，但是不久被更始派人击败，刘婴被杀，时年22岁。

登高远眺望，魂神忽飞逝。

奄若寿命尽，旁人相宽大。

为复强视息，虽生何聊赖。

托命于新人，竭心自勖励。

——〔两汉〕蔡琰《悲愤诗》

复古新政失败

王莽是一个坚定的复古派，在他看来，任何问题都可以从古制中找到解决方法，只要"向后看"、仿古制，所有问题都可迎刃而解。

始建国元年（9）正月，王莽仿照周朝《周官·王制》的职官制度，在中央建立了四辅、三公、四将，并且全面封拜辅政大臣十一公。凡拥立有功者都榜上有名。

为了表明自己坐上皇位是天意、具备合法性，王莽继续借用符瑞谶纬①找到同姓同名者10多人，一律提拔做官，以示"富贵由天定，半点不由人"。其中，王兴是个城门令史，王盛是卖饼

---

① "谶"为隐语或预言；"纬"是纬书，即天赐神物，一说为相关的理念的书籍，比如《乾凿度》《考灵曜》《舍神雾》《感精符》等。

的，只因相貌符合卜相，便从平民直接提拔为大臣，位列四将；京兆尹人王兴为卫将军、奉新公；京兆尹人王盛为前将军、崇新公。

同日，王莽还授任卿大夫、侍中、尚书官职共数百人。凡刘姓氏族担任郡太守者，一律调入京城，担任谏大夫。另外，王莽还置大司马司允、大司徒司直、大司空司若等官；又大改内外官名及宫室之名。

改完官名再进行政治改革，同时，地名也要改。天凤元年（14）七月，为了全盘恢复周代典章制度，王莽再次依照《周官》和《王制》的经文进行政治改革，对官府机构做了调整，重新调整划定地方行政区域，更改郡县及长官的名称。除在中央设立四辅、三公、四将、九卿和六监之外，地方上分全国为九州、一百二十五郡、二千二百零三县，州设州牧，郡分卒正、连率和大尹，县设县宰。把长安郊区划分为六乡，每乡置乡帅一人；三辅地区划分为六尉郡，每郡都设置大夫，职同太守；又设属正，职同都尉。还改河南郡大尹为保忠信卿，增加河南郡属县至三十县。边境地区又设境尉，用男爵担任此职。各地郡、县用"亭"做名称的达三百六十处，多得让人记不住。

同时，王莽在全国建立两千多个大小不等的封邑，这些封地又有两千多人获得爵位。由于王莽希望所有土地国有化，因此，在分封的同时，又以"图簿未定"为由，限制新贵们的封地权。王莽这种凭空画饼的做法，令新贵们十分不满。

朝廷组织机构的变化和郡县的分割，使官员数量暴增，行政效率大幅降低。王莽代汉之后的五六年间，制度一直在改动，俸禄制度始终没有确定，上自公侯、下至小吏都没有收入，导致贪污、窃盗现象屡见不鲜。直到天凤三年（16）六月，王莽才下达官吏俸禄制度。从四辅、公、卿、大夫、士，下至舆、僚，共分15 等。僚的俸禄最低，一年 66 斛，逐级增加，上到四辅年收入达1 万斛。但是，王莽颁布的官吏俸禄制度太琐碎，会计核算报表又无从办理，官吏们还是领不到俸禄，只好依靠收受贿赂生活。

王莽还有一项重大改制就是改造铸币。在他看来，"刘"字的形状结构是上有卯，下有金，旁又有刀，认为刀币犯了"刘"字的忌，就禁用卯佩饰及金刀货币。将错刀、契刀及五铢钱改铸成"小钱"。为防止民间私自铸钱，又禁令不准私藏铜和炭。

接着，王莽开始颁布诸多法令，以示新王朝的开始。

始建国元年（9），王莽颁布王田奴婢政令，意在缓和土地兼并、流民卖身为奴所带来的社会矛盾。下令将全国土地改为王田，奴婢改称"私属"，不准买卖。规定一家男子不超过八人而占田数超过一井（九百亩）的，应将多余的田分给九族乡邻中无田或少田的人，过去没有土地的，按一夫一妻一百亩分给土地，如果违抗诏令，则流放边远地区。

此时，西汉王朝已历经百年，地主土地私有制度已经固化，远非一纸政令可以变革的。诏令颁行后，分田授田的规定未能实施，而奴婢买卖禁令也在始建国四年（12）与废除王田的政策一并取消。

针对当时财政困难，商人势力过于发达、与官府争利甚至盘剥农民及小手工业者的弊病，王莽采纳刘歆等人的建议，实行国家工商统制政策。始建国二年（10）二月，颁布"五均六管"法，涉及盐、铁、酒专卖、政府铸钱、名山大泽产品收税和五均赊贷等六种经济管制措施。"五均"是指由政府管理工商业经营和物价，集中在长安、洛阳、邯郸、临淄、宛、成都等几个主要城市实施。这些地方设立五均官，管理商品经营和物价，并负责对农民、小生产者的除贷事务。百姓遇到丧葬、祭祀，或欲经营工商业无资金的，可向政府贷款。祭祀限 10 天还，丧葬限 3 个月还，不收利息，工商贷款年息 10％，月息 3％；盐、酒、铁由国家专卖，国家统一铸钱，山林川泽由国家管理收税。

这一政策看上去不错，但是推行上述政策的官员多出身于大工商业主。此前，汉朝制度规定，商人不能做官，做官之人亦不能经商。偏偏到王莽时期，商人都穿上官服了，可以名正言顺地与地方政权、豪富们狼狈为奸操纵物价了，还强取百姓货物。由于赊贷过期不还，便要罚作刑徒，加之官府收税又十分繁苛，致使广大中小工商业者乃至百姓深受其害。"五均六管"也成了对民众实施的暴政。

同年十二月开始，王莽又先后两次改革币制，将五种不同的币材，即金、银、龟、贝、布、钱，六种不同的货币，即金货、银货、龟货、贝货、泉货、布货六大钱币，与二十八个品类钱币，即不同质地、不同形态、不同单位的货币，同时投入流通领域。这被称为"五物六名二十八品"的货币制度，弄得货币市场混杂不清，比值极不合理。

王莽对货币屡铸屡废，变更频繁，完全凭自己的意愿，不顾及货币流通运行的客观规律。百姓们也不买账，在民间私下流通五铢钱。对此，王莽并不反思，而是变本加厉继续推行他的货币改革，同时还颁布了连坐法："一家铸钱，五家坐之，没入为奴婢。"

法令与制度的不合理，给社会经济造成混乱，盗铸和触犯禁令者比比皆是。见以此罹刑者实在太多了，王莽才不得不减轻处罚。但是，触犯刑罚的人始终有增无减，出现了"徒隶殷积，数十万人，工匠饥死，长安皆臭"的惨状。

王莽全力以赴为新朝的事业而努力，改革虽然触及了敏感问题，却没有实施切实有效的措施，以至于"新政"无法落实。朝令夕改的随意性，不仅令世人无所适从，也加重了劳动人民的负担。同时，因王莽新政的触角触及对外关系，也给新朝带来了新麻烦。

王莽当年似姬旦，炀皇前日肖曾参。

担囊揭箧何须逐，盗贼谁无仁义心。

——〔宋〕陈普《读史八首·其一》

王莽新朝覆灭

王莽的复古改革有些疯狂，对内将朝官名称更换完成之后意犹未尽，又对周边少数民族首领的称谓进行"正名"，以示新朝的威仪。

始建国元年（9），王莽派出五威将王奇等人，分成五路，浩浩荡荡地向匈奴、西域及其他周边少数民族地区进发，去宣讲新朝的诸种符命，以及王莽执政威德，并收回西汉朝发放的金印——"匈奴单于玺"，改授为"新匈奴单于章"。王莽认为皇帝的印称"玺"，普通人只能用"章"。同时各首领王爵名称一律降封为侯。还要改"高句丽"为"下句丽"，将匈奴单于改为"降奴服于"，等等。

王莽的做法对于各族首领来说，无疑是一种挑衅，激起了匈奴、西域、辽东各地方政权的反抗，使大汉王朝与周边各族多年建立起来的和睦关系很快恶化。

始建国二年（10）十二月，匈奴左右部都尉、诸边王兴兵入塞，大肆杀掠。杀死雁门、朔方太守、都尉，劫掠吏民牲畜财产不可胜数，沿边地区被掠夺一空。王莽见状，决定将匈奴的国土和人民分为15国，分别立呼韩邪单于的15个子孙做各国单于。派遣中郎将蔺苞、戴级前往边境召集被立为单于的15国首领接受赐封，同时又派立国将军孙建等12名将领统率士兵、壮丁、犯人30万人，命令各郡筹措运送粮食、军械等物资，对匈奴进行全面讨伐。结果讨伐未开始就引起全国骚动，因为各郡催征军粮，搜尽锱铢，导致官逼民反。

第二年，王莽又令冯茂进攻西南方的句町（今云南广南县境内），导致"士卒疾疫死者什六七"。由于战事不断，军需物质不足，屯驻的将士开始在当地抢劫财物，勒索钱粮。

王莽的对外政策为新王朝制造了无法消除的内忧外患，而统治阶层的内部矛盾也令其坐卧不安。

甄丰和刘歆是王莽的得意干将。但是，作为汉朝大臣，甄丰对王莽自立代汉不满，王莽觉察之后则借各种机会贬低甄丰的官职，从大阿、右拂、大司空降为更始将军。甄丰也不甘示弱，与儿子京兆大尹、茂德侯甄寻仿效王莽制造符命事件的方式，向王莽施压，称有符命说："新朝应分陕地为两部，以甄丰为右伯，太傅平晏为左伯。"还称："王莽的女儿、汉平帝的皇后，应当做甄寻的妻子。"王莽听闻勃然大怒，下令逮捕了甄寻。王莽比谁都清楚，符命这种事都是假的，只能自己使用，他人不可。始建国二年（10）甄丰自杀，甄寻在两年后被杀。此案涉及国师刘歆的儿子侍中刘棻、刘棻的弟弟、长水校尉刘泳，以及刘歆的门人骑都尉丁隆、大司空王邑的弟弟左关将军王奇等，将近百人被抓入狱。刘棻、刘泳被王莽送上了断头台。

此后，王莽对身边人加强警惕和防备。为了防止大臣们谋反，王莽限定了朝臣入宫随从人员的数目。不久后，王莽的孙子王宗打算取代王莽做皇帝。王宗自制了天子的衣服、帽子，自己穿戴整齐，让画师给自己画了像，还刻了三枚铜印，以示自己要做皇帝，在与其舅舅合谋，准备夺权时，事情泄露后，王宗自杀。此后，王莽对儿孙们也不放心了，将他们都从自己身边赶走。

王莽试图扫除一切障碍坐稳皇位，但是，各地蜂拥而起的反莽起义却令王莽坐立不安。新朝伊始，民众对王莽寄托了希望，结果却让他们走投无路，不得不起来造反。同时，刘氏贵族对王莽"篡位"的不满情绪也到达忍无可忍的程度，因此，恢复汉朝的愿望激发更多的刘氏后人站出来，呼吁推翻王莽政权。

天凤元年（14）七月，益州人不堪官府的欺压，爆发反莽起义，杀益州大尹程降。王莽调发巴郡、蜀郡、犍为郡等地方官兵，粮秣军饷直接向百姓征收，进击益州郡叛乱民众，结果连年不克。

天凤四年（17）绿林山又爆发大起义，给了王莽政权以致命的打击。由于荆州大旱，饥民不断逃往富水河畔求生，饥民啸聚成群，推举新市（今湖北京山东北）人王匡、王凤为首领，在湖北当阳境内的绿林山（今湖北大洪山）举行起义，数月间，发展到七八千人。王莽急令荆州牧带兵两万火速剿灭绿林军，结果政府军大败。起义军趁势占领了云杜、安陆和竟陵（今湖北天门）、新市，四地的饥民纷纷加入，队伍迅速发展到5万多人。

地皇三年（22），王莽派遣纳言将军严尤、秩宗东茂率军赴南阳时，绿林山瘟疫流行，农民军死亡过半。为了保存实力，再图发展，义军余众分两路转移，王常、成丹领导一军西入南郡（今湖北荆州），称为下江兵；另一军队由王匡、王凤等领导，北入南阳（今河南南阳），称为新市兵。两军约定，次年会合。

当年四月，关东连年灾荒，流民入关者数十万人，王莽开仓放粮、置养赡给，但是腐败的主管官吏，贪盗其粮，致使"民饥死者十之八九"，激起更多民众的反叛。七月，平林人陈牧、廖湛，蔡阳人汉高祖九世孙刘玄在平林（今湖北随州东北）起义，并加入绿林军。不久，春陵（今湖北枣阳境内）人、汉高祖九世孙刘缤、刘秀兄弟也率宗族起义，称"春陵兵"，与绿林军合兵。地皇四年（23）二月，绿林军已经发展到10万余人，为了组织更多的民众投入反抗王莽新朝的斗争中，诸将商议，拥立刘氏宗人为帝，打出"推翻王莽，复兴汉室"的大旗。

当时，刘缤拥有春陵兵实力最强，农民将领对他有所忌惮；而刘玄只身加入，势力单薄，容易控制。因此，诸将帅共同定策，立刘玄为帝。在洧水（今河南双洎河）设坛场，改元"更始"，绿林军改称"汉军"。以王匡为定国上公，王凤为成国上公，朱鲔为大司马、刘缤为大司徒，陈牧为大司空，王常为廷尉大将军，刘秀等为偏将军。

更始政权建立后，汉军分兵两路进取中原。一路由王凤、王常领军西击昆阳（今河南叶县）；一路由王匡、刘缤领军北取宛城。汉军很快攻占昆阳，占领郾城（今河南漯河郾城区）和定陵（今河南舞阳东北）。

王莽大为惊慌，急派王寻、王邑统兵42万，号称百万，从洛阳出发，杀奔昆阳。更始元年（23）正月，刘缤率汉军围攻宛城，岑彭率新朝官兵坚守宛城数月，终因城中"粮尽人相食"，于五月降汉。

六月，刘秀、李轶等从郾城、定陵集中万余起义军增援昆阳。昆阳城外，刘秀在距莽军四五里的地方布下阵势，莽军抵达之时，刘秀先发制人，亲率步骑千余人为前锋，大破王邑派出的数千莽军。首战胜利，汉军越战越勇。

随后，刘秀又带领3000人的敢死队，采取迂回突袭的策略捣其中军，击溃王邑万余人的精锐部队，莽军大乱，王寻被杀。守城义军也乘势杀出，内外合击，莽军全线崩溃，奔走践踏，伏尸百余里。王邑独与数千人逃回洛阳。昆阳之战，王莽主力军损失殆尽。这一战，也成为推翻王莽政权的决定性战役。

不过，在胜利之际，更始政权内部也发生了震荡。因为刘氏兄弟在昆阳之战中赢得威名，引起新市、平林诸将忌惮，便密劝刘玄铲除刘缤兄弟。于是，刘玄借与刘缤部将刘稷争执之机，诛杀刘稷、刘缤，为自己除去竞争对手。

刘秀从父城（今河南宝丰东南）回到宛城后，拜见更始帝刘玄，绝口不提昆阳大战中自己的功劳，也不敢为刘缤服丧，反而承认自己有过错，平时没能好好劝阻兄长。刘玄见刘秀不计杀兄之仇，就放弃了杀他的念头，还提拔刘秀为破虏将军、武信侯。

不久后，王匡率汉军乘胜北攻洛阳，西屏大将军申屠建率兵30万西攻长安。王莽的洛阳守将被擒，更始帝移驾洛阳。

这时，另一支赫赫有名的农民起义军——赤眉军——也由首领樊崇带领20余主要将领来到洛阳，归顺更始朝。赤眉军义军是琅琊（今山东诸城）人樊崇在莒县（今山东莒县）发起的。为了与官军区别开，起义军以赤色涂眉，因而被称为"赤眉军"。赤眉军以泰山为根据地，转战黄河南北。地皇三年（22），在成昌（今山东东平）与王莽10万军队展开激战，大败官军。可是，刘玄并没有真心接受这支能征善战的队伍，只封樊崇为列侯，不给他实权，再加上刘玄生性多疑，樊崇只有率军离去，并采取了与更始政权对立的立场。

与此同时，申屠建攻下武关，破王莽九虎五威兵，直抵长安。

此时王莽政权大势已去，许多豪强大姓纷纷建立营堡，自称汉将军，加入义军行列。一再败北的王莽徒做挣扎，在汉军兵临城下时，下令赦免狱中囚徒征发为莽军，抵抗汉军。结果，囚徒兵一过渭桥还未出城便倒戈反莽，掘烧王莽祖坟，烧掉了象征王莽德政的明堂、辟雍、九庙。

地皇四年（23）九月一日，汉军攻破长安东北的宣平门，进入长安，68岁的王莽被商人杜吴所杀。第二天，王莽被碎尸万段，首级被传送到洛阳。历时15年的"新"朝就这样匆匆地落下了帷幕。

洛阳城东路，桃李生路旁。

花花自相对，叶叶自相当。

春风东北起，花叶正低昂。

不知谁家子，提笼行采桑。

——〔汉〕宋子侯《董娇饶》

东汉开国

更始二年（24）二月，更始帝刘玄在长安长乐宫接受百官朝见，十多位功臣被封王。李松为丞相，赵萌为右大司马，共兼朝政。

其实，刘玄不具备驾驭群臣、掌控大局的能力，更缺乏开国帝王的气魄和谋略。入主长安之后，在全国各地的战火四起之际，刘玄既未制定统一全国的方略，也没调兵遣将完成统一天下的军事计划，而是尽享眼前的荣华富贵。刘玄娶了赵萌的女儿之后，日夜饮宴于后廷，政事都委任给专权跋扈的赵萌。

更始政权的主要领导人多为农民出身，军师李淑认为，这些公卿大臣都是戎武出身，没有治理国家的才能，只适合做亭长，派去做些抓盗贼之类的事情最合适。于是，上书建议"罢黜小人，起用博览人才"，结果反被更始帝关进牢狱。

刘玄打算安享天下，而天下却未归其所有。当年，樊崇率赤眉军离开刘玄之后，兵分两路：一路由樊崇、逢安率领，攻拔长社（今河南长葛东）南击宛城；另一路由徐宣、谢禄率领，拔阳翟（今河南禹州），进军梁县（今河南汝州）。

更始三年（25）正月，赤眉军两路大军会师弘农（今河南灵宝北），队伍发展到三十万人。六月，赤眉军西进至华阴，拥立西汉宗室城阳王刘章的后人、15 岁的刘盆子为帝，自号"建世"元年，准备进攻长安。

大敌当前，更始政权将领张卬、王匡、陈牧、申屠建等人主张放弃长安，东归南阳，再谋发展。更始帝刘玄却极力反对，坚决不放弃眼前的富贵生活，下令王匡、陈牧、成丹、赵萌等人率兵屯新丰（今陕西临潼附近），抵抗赤眉军。张卬与申屠建等诸将则决定劫持刘玄强行东去，结果申屠建被刘玄所杀。张卬、廖湛、胡殷等人被迫起兵反叛更始政权，与拥护刘玄的军队在长安城火拼，结果刘玄军大败。

危急之中，刘玄疑心又起，接连诛杀陈牧、成丹等将领，王匡见状率军回到长安，与张卬合军共同抵抗由李松、赵萌率领的刘玄军。经过一个月的相互拼杀，张卬军退出长安，王匡则率领部分起义军投奔了赤眉军。更始帝刘玄重回长安。

九月，赤眉军与王匡军联合，再度攻下长安，刘玄派刘盆子的哥哥刘恭出使赤眉军，表示愿意投降。十月，刘玄到长乐宫向建世帝刘盆子呈交玺绶。刘玄被封为长沙王，移居到赤眉军首领谢禄的军营里，不久被谢禄缢杀于长安郊外。

赤眉军入主长安后，重蹈更始政权的覆辙。小富即安的将领们忙于享乐，兵士们在城内外四处抢劫财物、欺凌百姓。数十万赤眉军很快就坐吃山空，长安也变成了残破不堪的孤城。此时，长安城周围被更始政权的旧部占据；割据陇西一带的隗嚣，正对长安城虎视眈眈；刘秀的部将邓禹也尾随赤眉军，进入关中，正进逼长安。

刘秀被更始帝刘玄封为武信侯后，于更始元年（23）十月，被派至河北一带招抚地方势力。离开刘玄，刘秀如龙归大海，开始为自己积累实力，独立发展而去。

刘秀是汉皇朝的宗室贵族，属于汉景帝第十子长沙定王刘发一系的子孙，出生于济阳（今河南兰考东北），父亲刘钦，母亲樊氏。大哥刘縯，二哥刘仲，刘秀排行第三，字文叔。刘秀曾入长安太学读书，也做过粮商。

被刘玄派到河北后，作为更始朝的官员，刘秀尽职考核官吏，释放当地囚徒，废除苛政，恢复汉朝的官吏名称，"吏民喜悦，争持牛酒迎劳，秀皆不受"，深得河北人心。

南阳人邓禹追随刘秀来到邺（今河北临漳），进言说："明公虽建藩辅之功，犹恐无所成立。于今之计，莫如延揽英雄，务悦民心，立高祖之业，救万民之命。"刘秀本来就有重振刘氏基业的理想，听罢大悦，从此对邓禹深为敬重，令其左右呼邓禹为邓将军，每遇大事，必与邓禹商讨。

随后的一年里，刘秀逐步攻打、收编河北各地的农民军，扩充自己的队伍。更始二年（24）五月，更始帝刘玄见刘秀势力渐强，恐其势大难制，遣使加封刘秀为"萧王"，并命其撤兵返回长安。刘秀借口河北未平，拒不从命。

更始二年（24）秋，刘秀任命吴汉、耿弇为大将军，征发幽州十郡兵马讨伐以东山荒秃、上淮况为首的铜马军。铜马军是一支反莽起义军，也是起义浪潮中涌现出的最为强大的农民起义军。当时，黄河两岸有大小农民起义军数十部，或以山川土地为名，或以军容强盛为号，共有数百万人之众。

刘秀击铜马于鄡（今河北辛集东面），吴汉率军与刘秀会师于清阳（今河北清河东南）。铜马军粮尽，乘夜遁逃。刘秀军连战连捷，连破铜马、高湖、重连诸部农民起义军。通过收降各地农民军，刘秀的军队迅速扩张到数十万人。

更始三年（25）正月，刘秀率军北征尤来、大枪的农民军。在这次战役中，刘秀几乎丧命，后经重整旗鼓，又在安次、潞东、平谷等地大破农民军，基本消灭了尤来、大枪等部。

几番征战，刘秀在河北建立了根据地，拥有了一支强大的军事力量。六月，31岁的刘秀在鄗城（今河北柏乡县内）正式登基称帝，重建汉政权，改元"建武"，改鄗城为高邑。

十月，刘秀收降了扼守洛阳的更始部队，进入洛阳。军队进城后，刘秀严禁官兵抢掠，将军萧广违反军纪，纵兵抢劫，被判死刑。洛阳安定之后，刘秀以洛阳为首都。因洛阳在长安之东，史称刘秀政权为"东汉"，借以区别建都于长安的"西汉"。

建武二年（26）正月，刘秀册立贵人郭圣通①为皇后，长子刘疆为皇太子，功臣都封为侯。郭圣通是真定王刘扬的外甥女，更始元年（23）十月，时值刘秀被派至河北一带招抚地方势力，真定王刘扬被说服，归于刘秀。更始二年（24），出于政治联姻的目的，真定王刘扬将外甥女郭圣通嫁给刘秀，确保了真定王室得以偏安一隅，富贵私产有了保障。此前，更始元年（23）六月，刘秀已娶阴丽华为妻。刘秀称帝后，郭圣通、阴丽华均被册封为贵人。此后一年多的时间，刘秀并没有册立皇后，但是，建武二年，真定王刘扬谋反伏诛，令河北诸侯人心惶惶，矛盾激化。为了稳定一方、安抚河北地方豪族，出于政治目的考虑，刘秀决定册立郭氏为皇后，立长子（郭圣通所生）刘疆为太子。同时，郎中、魏都人冯勤主持具体的封诸侯事。冯勤按功劳大小一一列侯，无论是封国远近，还是封地的丰薄，都十分公平，大家都很服气。冯勤因为才能出众，被刘秀任命为总录尚书诸事。

刘秀建都洛阳之际，赤眉军与更始政权之间的拼杀到了如火如荼的境地。刘秀派出邓禹等率军尾随赤眉军进入关中，等待战机。

赤眉军为了摆脱困境，保存实力，决定放弃长安，向西进军。

---

① 郭圣通（6—52），真定藁城（今河北石家庄藁城区）人，古郭国后裔，家族为真定侯国的名门望族。郭圣通"好礼节俭，有母仪之德"，"行事有吕霍之风"，早期颇受宠爱，为刘秀生有五子一女，即刘疆、刘辅、刘康、刘延、刘焉，以及刘红夫公主。后"因宠爱渐衰，数怀怨怼"，建武十七年（41），被废后位，册封中山（刘辅）太后，迁居于北宫。

离开长安之前，赤眉军在城中大肆劫掠，放火焚烧宫室。建武二年（26）正月，赤眉军退出长安，邓禹随即率军进占长安，驻扎在昆明池。

离开长安的赤眉军漫无目的地在陕、甘、宁、豫一带辗转求食。转战至阳城、番须的时候，一场大雪冻死了很多士兵，赤眉军又决定重返长安。在长安郊外，赤眉军挖开了西汉帝后们的陵寝，陵中宝藏被哄抢一空。九月，赤眉军打败邓禹，再次进入长安。邓禹退兵立阳（今陕西淳化北）。十二月，曾经号称百万的赤眉军仅剩下 20 万人，饥寒交迫，孤城难守，只好再次退出长安，打算东返故乡，再图发展。

此时，刘秀已经做好歼灭赤眉军的计划。建武三年（27）正月，刘秀派征西大将军冯异出征。疲惫不堪的赤眉军来到宜阳时，瞬间陷入严阵以待的刘秀大军的包围中，赤眉军不战而降，刘盆子将传国玉玺交给了刘秀。玉玺在手，刘秀并没有以胜利者的姿态大开杀戒，而是将刘盆子安置在其叔父刘良的赵王府中当了个郎中；将樊崇等赤眉军将领安排在洛阳居住，并赐给田地和宅院，不久后，樊崇、逢安等人因谋反罪被杀。

赤眉军被平定，全国依然是群雄割据、山头林立的局面。西汉王朝经过 200 多年的繁衍，刘邦的后代早已遍布天下，不乏拥有继承大汉祖业的野心之人。因此，刘秀除了要镇压农民起义军余部之外，还要对付刘永、公孙述、卢芳、隗嚣等各地称雄割据的势力。统一之路，满是荆棘。

天兵下北荒，胡马欲南饮。

横戈从百战，直为衔恩甚。

握雪海上餐，拂沙陇头寝。

何当破月氏，然后方高枕。

——〔唐〕李白《塞下曲》

军阀鏖战急

与其他农民起义军及割据势力不同，刘秀的文臣武将大部分出身于豪族地主，还有经学世家的后代，无论文化素养、政治经验，还是军事谋略都明显高出一筹。刘秀本人同样具有敏锐的政治直觉和高明的军事韬略，知人善用，善于集思广益，而且注重加强高级将领之间的团结和信任，发现矛盾，及时调解、协调，使部将们能够同心同德，竞其智勇，为之效力。

根据全国割据势力的地理位置及其力量强弱，刘秀制定了一系列切合实际的战略方针，由近及远、先东后西逐个击破。消灭赤眉军之后，刘秀已占据了黄河中游从关中到河北、河南的最富庶地区。除政治、军事优势之外，在经济方面也拥有绝对的优势。

接着，位于洛阳东面的刘永集团，成为刘秀的第一个打击目标。建武三年（27）春，刘秀派遣大司马吴汉与盖延等合军包围睢阳。刘永逃往鄀县（今河南永城西），吴汉等率军穷追，刘永被部将庆吾所杀。"专据东方"三年的刘永割据势力遂告平定。

同年夏，刘秀派出岑彭等率3万余人南击"楚黎王"秦丰。次年，刘秀前往一线黎丘（今湖北宜城西北鹿门山一带）犒劳士军，封有功吏士百余人。岑彭在攻打秦丰的两年中，共斩敌9万余人；秦丰残部仅剩千余人，黎丘城粮食也告罄，秦丰却拒不投降。刘秀又以朱祐接替岑彭，朱祐全力攻城。建武五年（29）夏，秦丰走投无路出降，被处死。

建武四年（28）秋，刘秀行军至寿春（今安徽寿县），派扬武将军马成等人发四郡兵，进攻围剿割据庐江（今安徽庐江）的李宪。历时一年多的时间，建武六年（30）彻底消灭李宪的割据势力。

建武四年（28）五月，刘秀派遣朱祐、耿弇等先攻占涿郡（今河北涿州），擒张丰。再命令祭遵、刘喜屯兵涿郡，与上谷太守耿况连兵，防备渔阳彭宠。次年二月，彭宠被部下谋杀，渔阳郡归汉，北方割据势力至此都被平定。建武五年（29）十月，刘秀再派耿弇率军打败张步，占领齐地。冬季后，长江以南七郡归顺东汉，关东基本平定。

这时，割据四川、聚众数十万的公孙述，也做好了夺取全国政权的准备。公孙述在汉中囤积粮草，制造十层楼船，刻造天下牧守印章，备置公卿百官，准备进攻中原。

刘秀采纳来歙的建议，联陇制蜀，争取隗嚣，抵制公孙述，并集中兵力准备西征。建武五年（29），来歙奉命带刘秀的亲笔信给隗嚣，说服了隗嚣归汉，隗嚣派其子随来歙到洛阳做人质，以示诚意，刘秀任命隗嚣为中郎将。建武六年（30），公孙述派兵进犯南郡（今湖北荆州）。刘秀诏令隗嚣从天水出发讨伐蜀地，隗嚣却找借口未出兵。刘秀便派遣建威大将军耿弇等七将军从陇道伐蜀，意在消灭隗嚣。但是，耿弇等七将军不敌隗嚣，兵败退至下陇。刘秀命耿弇军驻漆县（今陕西彬州），冯异守旬邑（今陕西旬邑东北），祭遵守汧县（今陕西陇县南），调吴汉等人还屯长安。

隗嚣乘胜进攻三辅之地，结果被冯异、祭遵击败。隗嚣转而向公孙述称臣。建武七年（31），公孙述立隗嚣为"朔宁王"，并派兵援助。随后，隗嚣以3万步骑进犯安定等地，被刘秀军队击退。

尔后，刘秀以军事打击与政治瓦解并用的手段，拉拢河西的窦融牵制隗嚣后方，再派遣马援对隗嚣内部进行分化。窦融经略河西多年，自统辖张掖、酒泉、武威、敦煌、金城五郡。在东汉政权建立后，建武五年（29）派使臣至洛阳，表示归附东汉政权。建武八年（32）春，来歙带领两千余人，再出奇兵袭占隗嚣的腹地略阳（今甘肃秦安陇城镇）。隗嚣闻讯大惊，调集所有精兵强将回攻略阳，来歙拼死拒守数月。在双方疲惫不堪之时，刘秀亲率关东兵马，发起强攻，窦融则率少数民族步骑数万、辎重5000余辆东征，与刘秀协同作战，一举消灭隗嚣主力，至建武十年（34）十月平定陇右。

随后，刘秀命吴汉、岑彭等人调集南阳、武陵、南郡的士兵和桂阳、零陵、长沙的6万多人，战马5000匹，会集荆门，兵分两路，对公孙述形成南北夹击之势。

针对汉军的进攻，公孙述也加强了防御部署，遣王元、延岑、吕鲔率重兵集结于广汉（今四川射洪南）至资中（今四川资阳）一带，阻止汉军沿涪水、湔水北上；命侯丹率两万人守黄石（今重庆江津境内），控扼江水（长江），声援江州；再以其弟公孙恢屯兵绵竹（今德阳北）、涪城（今绵阳东），加强北面防卫。

建武十一年（35）春，岑彭破荆门，长驱直入进占江关。岑彭军纪严明，得到蜀地百姓欢迎，溯长江顺利进抵江州（今重庆市区嘉陵江北岸）。但是，江州城坚、粮多，很难在短期内攻克。岑彭便留冯骏驻防，自己率主力及降卒5万直指垫江（今重庆合川），攻破平曲（今重庆合川东），收得粮米几十万石。

六月，来歙趁岑彭长驱入蜀之际，率领虎牙大将军盖延、扬武将军马武攻击河池，大破蜀将王元等，占领了河池（今徽县西北）和下辨（今成县西北）。来歙正拟乘胜南下，不料被敌方派人刺杀。刘秀又改派马成统率北路军。

七月，公孙述派遣延岑、吕鲔、王元和其弟公孙恢一起据守广汉资中，又派侯丹率2万余人把守黄石。岑彭见状，令臧宫率降卒5万沿涪水而上，在平曲一带作势佯攻成都，牵制延岑，自己则分兵由水路回江州，溯都江而上，袭击侯丹，大破其军。接着，岑彭率军昼夜兼行千里，攻克武阳（今四川彭山东），并派精锐骑兵袭击距成都仅四五十里的广都，威逼成都，打乱了公孙述的整个部署。此时，平曲的臧宫与援军会师，大破延岑军，尽获其辎重。收降王元及蜀军 10 万余人。未料，来歙被刺杀没多久，十月，公孙述又派人刺杀了岑彭。群龙无首，汉军被迫放弃武阳，退至南安（今四川乐山）一带。

次年春，吴汉再率军在鱼涪津（今四川乐山北）大败蜀将魏党、公孙永，进围武阳（今四川眉山彭山区东北）。公孙述派出的援兵也全部被歼灭。汉兵乘胜杀入犍为（今四川彭山），进而挥师直攻广都（今成都市南），武阳以东的小城纷纷向汉军投降。

刘秀传诏告诫吴汉，不可轻敌，可坚据广都，待其来攻，勿与争锋。但是，吴汉未听刘秀的劝诫，乘胜自率步骑兵两万余人进逼成都，结果遭遇公孙述派出的 10 万兵马攻打，败退回营。吴汉虽败不馁，及时调整作战方案，因其擅长陆战，在随后与公孙述军交战于广都至成都之间时，前后八战八捷，顺利进驻成都外城。十一月，臧宫进军成都西北面的咸门，与吴汉配合，构成南北两路夹击成都的态势。

大敌当前，十一月十八日，公孙述决定亲率数万人出城与吴汉决战，同时派延岑抵挡臧宫。臧宫不敌延岑，三战三败。但是，公孙述率兵从早上战到中午，已是疲困不堪。吴汉则一鼓作气，再派护军高午、唐邯率领数万精锐部队大举反击公孙述。公孙述兵败逃走，被高午挥枪刺中坠马，当晚死去。眼见大势已去，延岑也不再恋战，次日举城投降，蜀地遂平。

经过十年的努力，刘秀最终铲除了全国各地的割据势力，基本上完成了重新统一全国的伟业。

莫笑农家腊酒浑，丰年留客足鸡豚。

山重水复疑无路，柳暗花明又一村。

——〔宋〕陆游《游山西村》

光武中兴

自西汉后期以来，土地兼并日渐疯狂，自耕农沦为奴婢的现象越来越普遍，导致社会矛盾激化。放眼全国，经过多年战乱的华夏大地，已是山河残破，民不聊生，百废待举。

东汉王朝建立后，刘秀在着力完成统一大业的同时，同样采用"以柔道行之"的治国理念，重点缓和阶级矛盾、民族矛盾和统治阶级内部的矛盾，以实现社会稳定，促进经济恢复和发展，从而巩固了新建立的东汉王朝。史家誉之为"光武中兴"。

光武帝刘秀即位后，整顿吏治，厉行节俭，奖励廉洁。选拔贤能人士为地方官吏，对朝官要求严格，赏罚从严。对失职或延误政务的行为，即使是尚书一级的近臣，也被拉到他面前棍打鞭抽。

建武六年（30），刘秀下令裁撤吏员、合并官府。此举减并400多个县，吏职削减十分之九，大大节省了行政开支，减轻了百姓的负担。为了加强中央集权，刘秀调整了政治军事机构，削弱三公的权力，提高尚书台地位，完善监察机构及监察制度。

刘秀不仅是一位出色的军事家，也是儒学爱好者。在统一大业基本完成之后，除非紧急时刻，他从不讲军旅之事，而是常在朝廷议事之后与文武百官讨论儒学经典。此举是为了提高官吏队伍的文化素养、知识结构，也是为了加强皇权，即"退功臣而重文吏"，智囊团中几乎不见功臣的名字。

在对待功臣的问题上，刘秀更显出其智慧又仁慈、厚道也霸道的一面。为了避免功臣权力过重，对政权构成威胁，刘秀没有对功臣们赶尽杀绝，而是摘除功臣的军政大权，易以王侯爵位、置田建宅、赐予高官厚禄，让他们回家养尊处优、享受荣华富贵，把治理国家的事宜交给文臣。

待第二代承袭时"受封，不加王爵，可改诸王为公"，也就是第二代继承人崛起时，降封为侯，而健在的诸王改封为公。为了抑制外戚势力干涉朝政，刘秀赐予郭氏、阴氏①等外戚成员的权力地位都不超过九卿，亲属也一样，权势都不及西汉时期许、史、王氏的一半。

为了防止地方武装叛乱，建武六年（30），刘秀下令取消了自西汉以来长期实行的地方兵制，撤销内地各郡的地方兵，裁撤郡都尉之职，取消各郡每年举行一次的军事演习"都试"，地方的防务工作，改由招募来的职业军队担任。

① 建武十七年（41），刘秀以"怀执怨怼，数违教令"的罪名，将郭皇后废掉，改立原配妻子阴丽华为皇后。

鉴于西汉时期三公权重，刘秀将三公权柄下移，虽仍设三公之位，但一切行政大权尽归中朝的尚书机构，由皇帝直接指挥。尚书的职权由此再被提升，并正式称为尚书台。

三公名义上是宰相，却无实权。为防止三公的声望过高、超过皇帝所能容忍的限度，东汉将三公名定为"司徒、司空和太尉"，名号前的"大"字被去掉。尚书台设尚书令一人，收入为秩千石；尚书仆射一人，六曹尚书各一人，秩皆为 600 石，分掌各项政务。以下设有丞、郎、令史等官，所有一切政令都经尚书台直接禀陈皇帝，再由皇帝裁决。

为了加强监察制度，刘秀提高了御史台、司隶校尉和州部刺史的权限和地位。御史中丞在西汉时期是监察长官御史大夫的属官。建武元年（25），刘秀特诏令：御史中丞、司隶校尉与尚书令会同、专席而坐，号称"三独坐"。

针对战乱之后，生产凋敝、人口锐减的情况，刘秀实行与民休养生息的政策。从建武二年至建武十四年，刘秀先后六次下诏释放奴婢，将大量奴婢免为庶人，流民得以返回农村，恢复生产。既保护了自耕农的生产条件，也有效地缓和了社会矛盾。对于未释放的奴婢，建武十一年（35）三月，东汉政府下令："天地之性人为贵，其杀奴婢，不得减罪。"以此提高奴婢的地位，为其提供人身保障。

为了减轻百姓的负担，建武六年（30）十二月，刘秀下诏恢复"田租三十税一"的旧制。针对豪强势力大肆兼并土地的现实，以及垦田多与实际不符，户口、名籍也有增减的现状，刘秀颁行度田政策，以便掌握确实的户口名籍和田亩数字，增加赋税收入，抑制豪强势力。建武十五年（39），下诏令各郡县丈量土地，核实户口，作为纠正垦田、人口和赋税的根据。但是，由于诏令触及地方豪强的利益，所以遇到了豪强势力的抵制。州郡官吏在度田时，都不敢得罪地方豪强，对一般百姓却十分苛刻。

对此，刘秀并不退让，下令将度田不实的河南尹张伋及其他诸郡太守十余人处死，以示实行度田政策的决心。结果引起各地豪强大姓的反抗，有的地区甚至爆发武装叛乱，"青、徐、幽、冀四州尤甚"。东汉政权本是在豪强势力支持下建立起来的，豪强势力对度田制度的抵制迫使刘秀不得不放弃这一政策。但是，地方豪强的武装力量从这时起被分化，刘秀采取将大姓迁徙到其他郡的方式，"赋田受禀，使安生业"。

对于王莽代汉后，与周边少数民族关系恶化的问题，刘秀本着保证百姓休养生息的原则，偃武修文，不尚边功。

匈奴呼韩邪单于的后人，借汉人反王莽之机，兴兵扰汉边，并重新控制了乌桓族。对此，刘秀主张以防守为主。建武二十四年（48）春，匈奴内部分裂为南北二部。其中南单于在第二年遣使至洛阳，与汉重修旧好。建武二十七年（51），功臣朗陵侯臧宫、扬虚侯马武上书，建议乘匈奴分裂、北匈奴衰弱之际，发兵击灭之。刘秀未准，下诏称："今国无善政，灾变不息，百姓惊惶，人不自保，而复欲远事边外乎！……不如息人。"

刘秀还继承了西汉王朝独尊儒术的传统，兴建太学，设置博士，传授诸经。

总之，刘秀统治时期，除度田政策受到阻碍、不了了之而外，其余改革措施都在不同程度上得以落实，为恢复和发展社会经济、促进农业生产创造了有利的条件，使国力有所恢复，垦田、人口都有大幅度的增加，为东汉前期八十年间国家的强盛奠定了必要的物质基础。

有趣的是，作为东汉开国皇帝，刘秀对自己称帝合法性的问题总是耿耿于怀。当年在鄗城称帝时，刘秀借用图谶《赤伏符》的谶语"刘秀发兵捕不道，四夷云集龙斗野，四七之际火为主"作为称帝的根据，坐上皇位。这也是继王莽用谶纬掩饰图谋天下的野心之后，又一位借用图谶神化皇权的皇帝。皇位稳坐后，刘秀觉得"天授"皇位这事还需要不断强调，为此，将图谶官方化、合法化，宣布"图谶于天下"。

建武三十二年（56）二月，光武帝刘秀率领文武百官来到泰山南侧，举行了一次规模盛大的封禅活动，诸王、先王的后人、孔子的后代褒成君，都前来助祭。回到洛阳后，刘秀大赦天下，改元建武中元元年。次年，建武中元二年（57）正月，倭国（今日本）首次遣使来到洛阳奉贡朝贺，使者自称大夫。刘秀赐倭奴国国王"汉倭奴国印"金印一枚。一个月后，光武帝在洛阳南宫前殿去世，时年63岁，临终遗诏要求简办丧葬。太子刘庄（28—75）即皇帝位，是为汉明帝，第二年改年号为"永平"。

东城高且长，逶迤自相属。

回风动地起，秋草萋已绿。

——〔东汉〕无名氏《古诗十九首》

永平之世

刘庄是刘秀的第四子，母亲是皇后阴丽华。建武十七年（41）十月，光武帝刘秀以"怀执怨怼，数违教令"的罪名，将郭皇后废为中山王太后。封原配阴丽华为皇后。生母被废，令太子刘彊不安，并一再请求不做皇太子。于是，建武十九年（43）六月，刘秀废刘彊，改立刘阳为太子，改名刘庄。

刘庄继位后，首要任务是稳定政局、巩固地位。为此，他在功臣、宗室、官僚集团中分别选用人才，作为政治代表，以平衡各方势力。委任开国元勋高密侯邓禹为太傅，同母弟东平王刘苍为骠骑将军，原太尉赵熹留任原职。

同时，汉明帝刘庄不得不着手处理边塞问题。因为，西羌烧当羌部在酋长滇吾的策划下，正大举进犯东汉边塞，原本臣服于东汉的羌族部落纷纷响应叛汉。陇西太守刘盱派兵出战，接连失败。东汉朝廷派谒者张鸿率诸郡兵进讨，又被击败，张鸿与陇西长史田飒战死。

永平元年（58），汉明帝派出身经百战的捕虏将军马武进击滇吾等地，大败羌军，斩首 4600 级，俘虏 1600 人，羌军残部溃散。

西羌稳定后，辽东再出状况。

当时，在辽东郡境内，除了北匈奴、鲜卑、乌桓三部之外，还有高句丽等部落。刘秀时期，派祭肜出守辽东。祭肜能征惯战，富于谋略，对北匈奴、鲜卑、乌桓等三部进行分化征服，将北匈奴彻底逐出辽东。刘秀末年，赤山乌桓又开始多次进犯上谷郡，成为当地的一大祸害。刘秀下诏书悬赏平乱，收效甚微。于是，祭肜许诺厚礼，请鲜卑族的头领偏何出兵协助剿灭赤山乌桓。

永平元年（58），鲜卑诸部联合出兵，击破赤山乌桓，斩其酋长首级献给祭肜。塞外震动，乌桓、匈奴、高句丽等部落闻风丧胆，纷纷归附汉朝。东北边塞暂时安定下来，解除了东汉政权的外部压力。

外部压力刚刚舒缓，内部皇权斗争又突显出来。

山阳王刘荆不服气刘庄继位，伪造郭皇后弟弟、大鸿胪郭况的笔迹写信给东海王刘彊，劝他举兵夺天下。刘荆和刘彊都为郭皇后所生，当年郭皇后被废，刘彊主动放弃了皇太子之位，早已对皇位无贪念之心。在收到刘荆的伪信之后，刘彊将信件转呈给汉明帝刘庄。此时的汉明帝刚刚登基不久，为了避免多生事端，秘而未发，同时，优待郭皇后，礼遇刘彊。刘荆则不肯罢手，乘西羌叛乱之机，勾结术士巫师谋反。事情败露后，汉明帝念手足之情，不忍杀他，将刘荆贬为广陵王。可刘荆还不死心，相继又多次图谋不轨，最终于永平十年（67）正月，刘荆因犯"诅咒皇上罪"而畏罪自杀。

在处置刘荆事件期间，汉明帝继续奉行光武帝时期的各项政策，抑制外戚、功臣的权势，严密控御外戚、大臣及宗室诸王，一旦犯法，从严治罪，决不宽恕。

光武帝末期，东汉以窦融、梁统、邓禹、耿弇为代表的四大朝臣家族权势最盛。其中，窦融因战功封侯，长子窦穆娶宗室之女内黄公主为妻，窦穆之子窦勋又娶了刘秀长子、东海王刘彊的女儿沘阳公主。窦融侄子窦固，娶刘秀次女涅阳公主刘中礼。汉明帝登基后，任命窦融堂侄窦林为护羌校尉。窦林上任后，自恃背景深厚而作威作福、贪赃枉法。汉明帝数次下诏，要求窦融管教子弟，始终未见到效果。永平二年（59），窦融被罢官，窦林下狱而死。

永平六年（63），梁统的儿子、光武帝的女婿、汉明帝的姐夫梁松也因罪入狱而死。汉明帝之弟、楚王刘英，也因招聚奸猾，擅自增减官秩，被废流放，第二年，即永平十四年（71）自杀。这件事还连坐司徒虞延、司徒邢穆等，都以有罪自杀。

汉明帝惩治权贵之举，令群臣震恐，朝廷肃然。

汉明帝感念东汉的开国功臣，命人绘制开国功臣的画像，供后人瞻仰。首批 28 人，世称"云台二十八将"①。此后，又增补山桑侯王常、固始侯李通、安丰侯窦融、褒德侯卓茂，总计 32 人。为了不让外戚擅权、乱政的现象再出现，汉明帝没将皇后的父亲、名将马援列入其中。

为了解决边境地区劳动力不足的问题，从永平八年（65）开始，刘庄多次下诏，将郡国中死刑犯减罪一等，以徙边和劳役的方式赎罪，妻子儿女可以跟随，同胞兄弟也可自愿随同。这种方式既保护和利用了劳动力资源，也利于社会安定。

永平九年（66）四月，汉明帝下诏，将国有土地赋予或假予（租赁）贫民耕种，即"郡国以公田赐贫人，各有差"；次年夏，又诏令"滨渠下田，赋与贫人"。

东汉政权建立之后，兴修农田水利工程依然被作为保民生的

---

①　云台二十八将依次为：太傅高密侯邓禹、大司马广平侯吴汉、左将军胶东侯贾复、建威大将军好畤侯耿弇、执金吾雍奴侯寇恂、征南大将军舞阳侯岑彭、征西大将军阳夏侯冯异、建义大将军鬲侯朱祐、征虏将军颍阳侯祭遵、骠骑大将军栎阳侯景丹、虎牙大将军安平侯盖延、卫尉安成侯铫期、东郡太守东光侯耿纯、捕虏将军杨虚侯马武、中山太守全椒侯马成、河南尹阜成侯王梁、琅琊太守祝阿侯陈俊、骠骑大将军参蘧侯杜茂、积弩将军昆阳侯傅俊、左曹合肥侯坚镡、上谷太守淮陵侯王霸、信都太守阿陵侯任光、豫章太守中水侯李忠、右将军槐里侯万修脩、太常灵寿侯邳彤、骁骑将军昌成侯刘植、城门校尉朗陵侯臧宫、骠骑将军慎侯刘隆。

201

大事来抓。永平十二年（69），朝廷指令掌管水土事务的司空①属官王景、王吴率兵卒数 10 万人治理黄河水。至永平十三年（70）夏天，汴渠治理完毕，河、汴分流，恢复故道。这项工程虽耗费钱百亿，但是成效显著。此后的 800 年间，黄河没有改道，水灾也减少了，保障了黄河中下游农业生产的正常进行。

史书记载，永平十二年（69）"是岁，天下安平，人无徭役，岁比登稔，百姓殷富，粟斛三十，牛羊被野"。史称"永平之世"。永平十八年（75），东汉户籍人口也由开国初期的 2100 多万户增加到 3400 多万户。就在国运增强、人丁兴旺之时，永平十八年，汉明帝病逝。

----

① 据《后汉书·百官志》记载，司空掌水土事。凡营城起邑、浚沟洫、修坟防之事，则议其利，建其功。凡四方水土功课，岁尽则奏其殿最而行赏罚。凡郊祀之事，掌扫除乐器，大丧则掌将校复土。

人录尚书事，家临御路傍。

凿池通渭水，避暑借明光。

印绶妻封邑，轩车子拜郎。

宠因宫掖里，势极必先亡。

——〔唐〕李峤《读前汉外戚传》

章帝宽政纵外戚

永平十八年（75）十月，汉明帝刘庄病死，19岁的皇五子刘烜继位，是为汉章帝。汉章帝性情宽容，爱好儒术，一上任就体现出与其父不同的统治风格。汉明帝刘庄执政时期，总揽权柄，权不借下。而汉章帝则大胆放权，赋予三公实权，任命开国元老赵熹为太傅，与太尉牟融同掌尚书台事务，任命蜀郡太守鲍昱为司空。

三公从光武帝时期开始，一直是有职无权的虚职，汉章帝此次权力下放的做法也没失策，因为赵熹、牟融、鲍昱三人均是奉公尽节之臣，且能共同辅佐朝政。在赵熹、牟融等辅佐下，汉章帝整顿吏治，劝勉农桑，推行与民休养生息的治国理念，颁布了一系列新政。

建初元年（76）正月，汉章帝下诏，要求朝廷各有关部门，加强官员的选拔工作，必须"进柔良，退贪残"；各州、郡、国等官员要鼓励百姓从事农桑，以此作为地方官吏的首要任务；司法机构不得随便抓捕杀人，要"顺时令，理冤狱"。

建初五年（80）三月，又诏令有关部门检举官吏不依法行为之人，以严肃吏治。为了选拔优秀人才，建初八年（83）十二月，汉章帝下诏，明确四科取士的要求：一、德行高妙，志节清白；二、经明行修，能任博士；三、明晓法律，足以决疑，能按章覆问，才任御史；四、刚毅多略，遭事不惑，明足照奸，勇足决疑，才任三辅县令。必须察其人有孝悌清公之行，才能举荐。各郡国长官任职，都要先经试用。

在鼓励垦荒，促进发展生产方面，延续以往的政策，将一小部分土地赐给功臣贵族，将大部分荒地、山林苑囿给予贫民耕种，并减轻百姓田租、徭役。建初元年（76）五月，汉章帝下诏将上林禁苑之地赐予贫民。

元和元年（84）二月，朝廷诏令郡国，准许无田农民迁徙到肥饶地区，并赐给公田，贷给粮种和农具，免除租税五年、算赋三年，以后农民想回原籍，也听其自便，不得禁止。元和三年（86）二月，汉章帝北巡，令常山、魏郡、清河、巨鹿、平原、东平六郡将尚未垦辟的荒地，全都给予贫民，并贷给粮种，务尽地力，不让贫民游手无事。

为了促进人口增长，元和二年（85）正月，汉章帝下诏鼓励生育。凡产子者都免三年算赋；怀孕妇女赐给胎养谷，每人三斛，并免除其夫一年算赋。

另外，汉章帝还遵循光武帝、明帝时代崇尚儒术的政策，重用儒臣，提倡儒术。建初四年（79），采纳校书郎杨终的建议，在洛阳皇宫中的白虎观召集将、大夫、博士、郎官和儒士开会，议定《诗》《书》《礼》《乐》《易》《春秋》六经的同异。再次确定学府的教学内容，强调：以五常之道，规范人的德性；以五经六艺，培养人的才术。进一步明确、提倡三纲思想，即：君为臣纲，夫为妻纲，父为子纲。会后，由班固等整理成《白虎通德论》。

汉章帝时期，政令刑法都比较宽疏。此前，朝官一旦犯有贪污罪，三代人都不能做官。汉章帝废除了这项制度。元和元年（84）七月诏令，秋冬治狱禁止使用钻、剔之类的酷刑。

在对待外戚方面，汉章帝也放宽控制，使得外戚势力抬头。

汉章帝刘炟的生母贾贵人，是马皇后同母异父的姐姐，马皇后无子，收养刘炟。汉明帝时期，马皇后的兄弟马廖为虎贲中郎将，马防、马光仅为黄门郎。刘炟即位后，提拔马廖为卫尉，位列九卿；马防为中郎将；马光为越骑校尉。刘炟还想封爵给诸位舅舅，遭到马太后的坚决反对。在马太后的坚持下，建初四年（79）五月，马氏三兄弟辞去职位，解职还家。六月，马太后病逝，汉章帝又开始重用外戚。

汉章帝宠爱窦皇后，建初二年（77），立窦氏为皇后，任命妻兄窦宪为侍中、虎贲中郎将，妻弟窦笃为黄门侍郎。窦氏兄弟的官位虽然不高，但是作为侍中有权审察尚书奏事，加上汉章帝纵容而日渐跋扈。大臣提醒汉章帝，要约束外戚窦氏，防患于未然，汉章帝不予理睬，窦氏兄弟就更加肆无忌惮，甚至亲王、公主及阴氏、马氏等外戚都畏惮他们。

汉章帝的后宫嫔妃共六人，分别出自窦氏、宋氏、梁氏三个家族。窦皇后虽然最受宠爱，但是无子。宋贵人的儿子刘庆，被立为皇太子。梁贵人也有个儿子刘肇。建初七年（82），窦皇后指使宫女诬告宋贵人姐妹"厌胜"（以诅咒害人），迫使二人自杀，太子被废为清河王，改立梁贵人儿子刘肇为太子。不久，窦皇后又诬陷梁贵人的父亲，将他冤死狱中，梁贵人姐妹也被打入冷宫，忧郁而死。太子刘肇归窦皇后收养。

经此一搏，窦氏家族势力愈加膨胀。建初八年（83），窦宪依仗宫闱声势，强行低价购买汉明帝之女、沁公主的园田，沁公主竟不敢计较。汉章帝了解后，意识到外戚专权的问题，调任不畏权势、执法如山的前渤海太守周纡，进京担任洛阳令。周纡上任后，对犯法的京师豪强都严惩不饶。窦笃不甘示弱，一有机会就向皇帝诬告周纡，指责周纡纵容部下辱骂朝廷重臣，按律当诛。汉章帝偏听偏信，将周纡下狱问罪。在查明真相后，又放了周纡，升为御史中丞，但是窦氏集团毫发无损。

汉章帝对外戚专权问题虽有所警觉，却未曾下决心彻底解决，最终，为日后外戚专权，埋下了祸根。

无名困蝼蚁，有名世所疑。

中庸难为体，狂狷不及时。

——〔东晋〕袁宏《咏史诗》

外戚专权

章和二年（88）正月，31 岁的汉章帝刘炟死于章德前殿。10 岁的太子刘肇成为东汉第四任皇帝，是为汉和帝。窦皇后被尊为太后，"临朝"处理政务；窦太后的哥哥窦宪为侍中，主管皇室机密，宣读诏命；其弟窦笃任虎贲中郎将；窦景、窦环为中常侍，控制皇宫警卫。

太尉邓彪升任太傅、录尚书事，但求明哲保身，不与窦氏相争。司徒袁安、太尉宋由、司空任隗等人虽然以严明著称，却无实权。外戚政治在东汉重演。

章和二年（88）四月，窦太后以章帝遗诏名义，解除郡国盐铁禁令，民间可以自由煮盐、铸铁，朝廷铁官、盐官负责税赋。盐铁官营，是西汉至东汉以来的重要经济政策，朝廷通过对盐铁的垄断获利，集中财权。窦太后此举，受到了豪强地主、地方政府的欢迎，窦后也因此巩固了临朝听政的地位。

这时，匈奴再起事端。

章和二年（88），北匈奴发生饥荒动乱，所部纷纷投降南匈奴。南匈奴乘机向东汉朝廷请兵北伐，想一举兼并北匈奴。窦太后有意联合南匈奴出兵征讨，而三公九卿们则认为，"匈奴不犯边塞"就不能出兵，反对远征。司徒袁安、司空任隗反对尤烈，甚至指责太后"以一人之计，弃万人之命"。尽管被众臣反对，窦太后还是毅然决定出兵。窦太后的决定得到了窦宪的支持，并主动请命领兵出征。窦宪之所以如此积极响应，是打算借此机会戴罪立功、保命赎罪。窦宪原本在窦太后临朝称制之后，以侍中的身份权倾朝野，内外协附，没有人能对窦宪不利。只是窦宪过于跋扈，见不得窦太后重视其他任何人。当时都乡侯刘畅，也就是光武帝刘秀的兄长刘縯的曾孙，前来京师吊章帝之丧，受到窦太后重视，并数次召见。窦宪得知后，担心刘畅被重用，与自己分权，就派遣刺客杀死刘畅，还归罪于刘畅的弟弟刘刚。太后得知真相后大怒，把窦宪禁闭在内宫之中。

十月，窦宪请命出征，被任命为车骑将军，佩金印紫绶，以执金吾耿秉为副将，发北军五校、黎阳、雍营、缘边十二郡骑士以及羌胡兵出塞北伐。此时，窦宪出征的消息引起了史官班固的注意。时年58岁的班固正因母丧辞官在家守孝，由于内心一直怀有驰骋疆场、建功立业的梦想，即刻决定投附窦宪，随大军北攻匈奴。班固被窦宪任为中护军，参与军中谋议。谁料，班固这一决定，却限定了自己生命的长度。

针对北匈奴飘忽不定、行动快速的特点，窦宪率军以远程奔袭、先围后歼、穷追不舍的作战方略应对。永元元年（89）夏，窦宪遣将率精骑万余，分三路驰袭，围歼北匈奴军主力于稽落山（今蒙古国西南部），北匈奴单于逃走，81个部落，计约20万人随后归附汉朝。汉军出师大捷，窦宪登上燕然山（今蒙古国杭爱山），指令班固在石头上刻录下自己的功劳。首战胜利，汉军并未就此止步，而是咬住北单于不放，继续出击，切断北匈奴与西域的联系，控制伊吾城（今新疆哈密西），窦宪领兵进屯凉州。随后，汉将率南匈奴8000锐骑奔袭，出河云东，再次合围单于庭，歼万余人，单于负伤领数十骑又向西奔逃。

永元三年（91）二月，窦宪决定彻底消灭北匈奴残余势力，派左校尉耿夔、司马任尚出居延塞，围攻北单于于金微山（今阿尔泰山），俘获北单于母阏氏，北单于逃脱不知去向。此次汉军出塞5000余里，是自汉朝出师匈奴以来到达最远的一次。

窦宪荡平北匈奴后，威名大振，窦太后的统治地位也越发巩固不可动摇。窦宪班师回朝，晋升为大将军，封武阳侯，食邑2万户。窦宪怕反响太大，辞去封爵称号，只接受大将军印绶，因为大将军已经位居三公之上了。同时，其弟窦笃被封为郾侯，窦景为执金吾，窦瓌为光禄勋。窦宪因有了居功自傲的资本，更加横行无忌，而窦氏兄弟同样目中无人，"朝廷震慑，望风随旨，无敢违者"。其弟窦景还放纵奴仆胡作非为，甚至白天公然拦路抢劫，侮辱妇女，而"有司莫敢举奏"。窦太后知道后，只罢了窦景的官。

随着窦氏地位的巩固，其权力欲望也越发膨胀，在窦氏眼中，皇帝已经是多余的障碍，于是打起了诛杀和帝的算盘。而此时的汉和帝已经 14 岁，近五年的傀儡政治生涯，并没有磨灭他的斗志。在权力斗争进行到生死抉择之时，小皇帝毅然决然放手一搏，夺回属于自己的皇权。可是，深宫里长大的刘肇，在窦太后专权的环境里，完全不能直接接触行政官员，即使是地方太守、刺史也都听从窦氏安排。他所熟悉、所能依靠的只有身边的宦官。宦官中，中常侍钩盾令郑众是汉和帝最信任的人，此人不依附外戚，且机敏沉着，有心计。

刘肇得知窦宪与依附窦氏的穰侯邓叠，其弟步兵校尉邓磊、窦宪的女婿、射声校尉郭举等人正在谋划杀害自己，便与郑众商议，决定先下手为强。

永元四年（92）六月，经过一番筹划，刘肇依靠中常侍郑众等人，先将窦宪从凉州调回京师，使之脱离军队。在抓捕窦宪的前夜，小皇帝刘肇亲临北宫，命令司徒兼卫尉官丁鸿严兵守卫，紧闭城门；再命令执金吾、五校尉等人分头捉拿邓叠、邓磊、郭举、郭璜等下狱处死。次日，派谒者仆射直入窦家，宣读诏书，收回窦宪的大将军印绶，贬为冠军侯，并限令与其弟窦笃、窦景等各回封地。

汉和帝感念窦太后的养育之恩，没有公开处死窦氏兄弟，窦宪回到封国后，被逼迫自杀。随后，窦景、窦笃也被迫自杀，党羽或入狱或免官还乡。其中，班固也被株连入狱而死，只因当年窦宪出击匈奴时，班固是大将军中护军，是窦宪的同党。[①]

刘肇利用宦官势力铲除了窦氏集团，任命郑众为大长秋[②]。受赏时，郑众表现得辞让少受、谦虚谨慎，这让刘肇对他更加信任和依赖。此后，每有国家大事，刘肇都先与郑众商量，然后再交给大臣们讨论。郑众开始参与政事，不久又被封为鄛乡侯。刘肇对宦官的重用，为日后宦官专权大开便利之门。也是从汉和帝起，东汉历任皇帝都是儿时即位。在幼儿皇帝当朝之际，外戚与宦官不断争权斗法，政治的纷争和社会的动乱时时发生，东汉政治也因此进入了永无宁日的历史阶段。

①　当时，班固为完成父亲班彪的遗志，著述西汉历史的《汉书》已长达二十余年，但是尚未完成。班固死后，汉和帝诏令班固的妹妹班昭续写《汉书》。

②　长秋是皇后近侍官首领，一般由皇帝亲信充任，负责宣达旨意，管理宫中事务。

三十六人抚西域，六头火炬走匈奴。

古今参合坡头骨，尽是离披见鹘乌。

——〔宋〕陈普《咏史上·班超》

班超再通西域

在汉武帝时期，张骞两度率队出使西域，与西域各国建立了紧密联系，开辟了具有划时代意义的丝绸之路。西汉后期，由于朝廷政治动荡、边境连年战乱，汉朝廷与西域各国的关系有所中断，丝绸之路上的贸易往来也失去了昔日的繁华。

到了东汉时期，汉和帝之前，东汉王朝埋头发展国力，无心顾他，对西域各国，如车师后国（今新疆吉木萨尔县南山中）、鄯善（今新疆若羌附近）等国不再给予政治、军事上的保护。这给了退居漠北的北匈奴扩张的机会，不仅时常侵扰汉边，还联合西域诸国共同入侵汉边。

永平十六年（73），汉和帝派遣窦固、耿忠等人深入天山，出兵酒泉塞，大破匈奴呼衍王，追至蒲类海（今新疆巴里坤湖），占领伊吾卢（今新疆哈密西）。伊吾卢是"西域之门户"，是控制西域的必争之地。窦固占领伊吾卢后，设置宜禾都尉，留下部分军队，设屯垦区以巩固伊吾卢根据地。

永平十七年（74），东汉朝廷再命窦固、耿秉、刘章出敦煌昆仑塞，进攻西域。车师后国国王安得畏惧汉军而投降。东汉重新设置西域都护及戊己校尉。同时，派遣假司马班超（32—102）出使西域，斡旋诸国，使各国重新归附东汉朝廷。

班超是班固的弟弟，能言善辩，又涉猎群书。为人有大志又不拘小节，且孝敬恭谨。永平五年（62），班固被召进京任校书郎，班超与母亲随同入京师，在官府抄书，挣钱赡养母亲。但是，天天抄书的日子让班超深感苦闷，一日，班超将手中的笔扔在地上叹道："大丈夫即使没有什么志向，也应该像傅介子、张骞那样前往异城建功立业，取封侯爵位，怎么能天天抄书呢？"于是，永平十六年（73），班超弃笔投戎，追随窦固出征匈奴。窦固派班超率兵攻打伊吾卢，在蒲类海之战中，因杀敌多人受到窦固重用。

被派遣出使西域时，班超仅带吏士36人。当时，北匈奴已经植根于西域多年，与西域各国的关系早已是盘根错节。班超首站抵达鄯善国，到达之后班超发现，鄯善王对待汉使的态度由见面时的热情又变成冷淡，便判断有匈奴使者同时抵达了鄯善国。班超诈问鄯善国侍者说："匈奴使来了几天了？住在哪呢？"侍者以为班超都知道了，便据实告知。确定这种情况之后，班超召集36名随行人员商议对策，吏士们都说："身处危亡之地，生死都听从司马的安排。"班超则说："不入虎穴，不得虎子。"随即趁夜带领36人火攻匈奴使团帐营。匈奴使节们被突如其来的火攻惊得乱作一团，班超率将士们斩杀匈奴使节30余人，其他100多人被大火烧死。次日，班超提着匈奴使者的人头给鄯善王看，鄯善王大为恐慌，最终决定依附东汉，送子入汉为人质，恢复同东汉的臣属关系。至此，东汉王朝与西域在中断 60 多年的交往后，又得以建立联系。

班超的功劳被报到东汉朝廷，汉明帝升班超为军司马，继续出使西域。窦固想要增加班超的兵力，班超则坚持只带 36 人。班超一行随后到了于阗国（今新疆和田西南），在这里遇到了与鄯善国王一样左右摇摆不定的情况。经过一番斗智斗勇，最终，于阗国王慑于班超在鄯善杀匈奴使者的威名，也决定归附东汉。

但是，北匈奴并不甘心失去西域。永平十八年（75）三月，北匈奴出骑兵 3 万，反攻车师后国，耿恭派 200 余兵援助，难敌匈奴军的进攻，匈奴攻杀车师后国国王安得，进围金蒲城。

建初元年（76），是汉章帝刘炟继位初年，东汉朝廷派耿秉屯兵酒泉，发张掖、酒泉、敦煌三郡兵及西域鄯善等地兵出援，会师柳中，大败车师和北匈奴，救出耿恭，车师后国再度归附东汉。未料，这时焉耆国（今新疆焉耆西南）、龟兹国叛乱，突袭都护府，杀都护陈睦，战死的汉军达 2000 余人。时逢东汉朝连年大旱、谷贵，人民负荷沉重，新上任的汉章帝刘炟决定放弃伊吾卢屯兵，召汉军还朝。班超也在召还之列。

当时，经班超的努力，东汉朝廷与西域诸国的联盟工作已见成效，在得知汉朝廷要撤兵的消息后，多国陷入恐慌不安中。疏勒国都尉黎弇在得知班超准备回京师时痛苦地说："汉朝抛弃了我们，我们一定会再次被龟兹国所灭。"并拔剑自刎。班超回汉朝路过于阗国时，王侯们更是抱住班超的马腿号啕大哭说："我们依赖汉朝的使者就如同依赖我们的父母，您可不能离开。"班超见诸国对东汉朝廷如此依赖，便决定留在西域，代表东汉朝廷继续维护与西域各国的关系。

章和元年（87），班超调集于阗国2.5万人马，进攻莎车国（今新疆莎车县一带）。因为莎车国有统一西域的野心，拒绝归附东汉。这时，与东汉对立的龟兹国，也征发温宿、姑墨、尉头军5万人驰援莎车国。最终都不敌班超军，莎车投降。

永元元年（89），东汉朝廷派遣车骑将军窦宪、征西将军耿秉发北军五校、黎阳、雍营、缘边十二郡兵骑及南单于共3万兵马出塞讨伐北匈奴。六月，窦宪率领的汉军大获全胜，降服北匈奴81部20余万人，北匈奴单于败走，领残余势力被迫西迁，侵入黑海北岸。北匈奴的势力暂时被逐出西域，永元二年（90），龟兹、温宿、姑墨各国没有了依靠，又纷纷向班超投降。

永元三年（91）东汉朝廷任命班超为西域都护，徐幹为长史，班超驻守龟兹，徐幹屯于疏勒。这时的西域多数国家都已降服东汉，只有焉耆、尉犁、危须三国未定。永元六年（94），班超征调龟兹、鄯善等8国兵力7万人及汉朝吏士、商客1400人向北发起总攻，焉耆等三国降服。至此，西域诸国都隶属于东汉统治之下。同年，班超被封为定远侯，继续留在西域。

班超治理西域30余年，尽显其在外交、军事、政治上的才华。经其努力，东汉与西域的经济、文化交流得以继续发展。当时，班超从安息国（今伊朗高原东北部）人那里得知，安息的西方还有一个名为大秦（古罗马帝国）的大国，那也是中国历史上首次得知古罗马帝国的存在。当时，大秦与汉朝的商品流通都是通过安息国中转的。于是，永元九年（97），班超派部下甘英出使大秦。

遗憾的是，班超选错了人。甘英在经过安息时，安息船人夸张地对甘英说，此行大海广阔，遇到顺风三个月就能回，若遇逆风，就得行船二年，所以要带三年的粮食。大海之中，最使人思念故乡，很多人死在途中。甘英缺乏不达目的不罢休的探险精神，仅凭这一人一言，就胆怯了，这也使得东汉王朝使者的大秦之行止步于此。

永元十四年（102），班超因年老体弱，在妹妹班昭向朝廷提出的申请下，得以返回洛阳，同年病逝，终年71岁。

势家多所宜，咳唾自成珠。

被褐怀金玉，兰蕙化为刍。

贤者虽独悟，所困在群愚。

且各守尔分，勿复空驰驱。

哀哉复哀哉，此是命矣夫！

——〔汉〕赵壹《疾邪诗》

敬业皇帝与皇后

永元四年（92）六月，汉和帝在宦官郑众等人帮助下，铲除了窦氏集团，从窦太后手中夺回皇权，开始亲政。汉和帝虽然只有 14 岁，却是个兢兢业业的天子。亲政之后，他每天早起临朝，深夜批阅奏章，从不荒怠政事，所作所为不失为一位英明有为的君主。

为了缓解当时豪强大族广占田园，而贫民可耕的土地越来越少的现状，永元五年（93）二月，汉和帝诏令减撤皇家内外厩及凉州诸苑的马匹，将上林、广成等苑囿都开放给贫民，允许贫民采捕，不收税。

面对地震、大旱、蝗灾等自然灾害频发，贫民数量有增无减的状况，永元五年（93）三月，汉和帝下诏赈济贫民，派使者调查流散贫民情状，并开仓赈粮三十余郡。永元六年（94）二月，汉和帝再派遣近侍，分别到三河、兖州、冀州、青州等地向贫民发放粮食。永元八年（96）四月，赈济并州四郡灾民。永元十一年（99）二月，派使者巡行郡国，禀贷受灾又没有经济来源的百姓，允许他们渔采山林池泽，不需纳税。

在法制上，汉和帝主张宽刑。要求掌管刑狱的廷尉，每次断案，都要依据经典，"务从宽恕"。

对于边患问题，和帝也不手软。永元八年（96）烧当羌发起反汉战乱。汉和帝派征西将军刘尚、越骑校尉赵代，率北军五营、黎阳、雍营、三辅积射及边兵羌胡3万人讨伐，结果汉兵伤亡惨重。永元十年（98），汉和帝严厉处罚在战场上不作为的刘尚和赵代，以畏懦罪将两人免官、下狱。朝廷再派出谒者王信、耿谭出兵，才暂时平复叛乱。

永元十二年（100），烧当羌再反东汉，这次王信、耿谭、吴祉等人也因畏懦罪被免官。第二年，汉和帝令护羌校尉周鲔、金城太守侯霸及诸郡兵，征发属国湟中月氏诸胡、陇西牢姐羌兵马，合约3万人，出塞至允川，与烧当羌首领迷唐激战。这一战，羌人伤亡众多，种族瓦解，投降者6000余人。迷唐病死后，其子决定归附东汉王朝。

汉和帝执政时期，朝廷内外士风清明。朝廷上下，君臣多以天下为己任，努力解决社会矛盾，发展经济，百姓才得以过上相对安宁的生活。

永元十七年（105），东汉户籍人口达到 5300 多万，垦田面积也恢复到 730 多万顷，接近西汉平帝时期的最高水平。同年，宦官中常侍蔡伦向汉和帝献纸。当时，蔡伦主管负责皇宫制造业的机构，他总结西汉以来造纸经验，改进造纸工艺，利用树皮、碎布、麻头、渔网等原料精制出一种真正意义上的纸。此前，文字都是写在竹木简或绢帛上。竹木简太沉重，绢帛造价又太高。汉和帝见到轻便又廉价的植物纤维纸后大为赞誉，下令朝廷内外使用并推广。因为是蔡伦发明的新的造纸技术，人们便把这种纸称为"蔡侯纸"。此后，蔡伦改进的造纸术，沿着丝绸之路经过中亚、西欧传于世界，为世人所知。

同样是这一年，汉和帝改元元兴，对未来寄托了新的期冀。然而，十二月，27 岁的汉和帝刘肇在洛阳章德前殿病逝，在位 17 年。

汉和帝刘肇生前未立太子，因被废黜的阴皇后及第二任皇后邓绥均无子嗣。而宫女所生的两个皇子，长者为 8 岁的刘胜有痼疾，不能继位；刚刚出生 100 多天的刘隆，则还在襁褓中。最终，刘隆继承了皇位，是为汉殇帝。24 岁的邓皇后被尊为太后，临朝听政，次年改元延平。

邓绥（81—121）是前护羌校尉邓训的女儿，祖父是东汉开国元勋高密侯邓禹。在汉和帝刘肇的眼里，邓绥是一位"德胜于才，才胜于美色"之人。

邓绥自小修习经史，15 岁被选入宫中，因外貌出众，次年即升为贵人。邓绥在后宫时就常读经书，熟悉国家政治，懂得治术。永元十四年（102）阴皇后因行巫蛊之事被废，和帝立邓绥为皇后。

作为皇后，邓绥谨慎自制，力行俭约，罢免不合礼的祠官、免遣宫人。在她的日常开销中，除了读书用的纸、墨，其他衣食、宴乐上的花费都很少，在后宫倡导提升个人修养、去奢华的新风气。邓皇后的言行举止令人敬重，班昭的传世作品《女诫》七篇，就是根据邓皇后的言行举止书写而成。

临朝执政后，邓太后任用其兄邓骘为车骑将军辅政，后又被晋升为大将军，常留禁中，商量大事。

邓太后与汉和帝刘肇一样，兢兢业业、勤政爱民、谨慎守成。延平元年（106），邓太后下诏令公卿举隐士、大儒，务取高行，以劝后进。遴选博士，力求选拔可用之才。

延平元年（106）八月，年仅1岁的婴儿皇帝刘隆夭折。邓太后与邓骘等人商量决定，迎立清河王刘庆的儿子、汉章帝刘炟的孙子、13岁的刘祜继位，是为汉安帝。邓太后继续临朝称制。邓氏兄弟邓悝、邓弘、邓阊等人均被封官拜侯，作为邓太后的统治助手。

虽然重用邓氏兄弟，邓太后对邓氏子弟的管束却非常严格，曾诏告京师各长官，对邓氏犯错不要宽宥。邓氏子弟们因此小心行事，不敢放纵。邓骘身为车骑将军，控制拥有决策权的内朝机构，同样恭顺节俭，力谋为国，少有民愤与不满。

延平元年（106）六月，针对当时铺张奢华的社会风气，邓太后下诏，减损膳肴、帷帐、珍玩等耗物费工之物。永初元年（107）九月，朝廷再次诏令三公明申旧令，禁奢侈，不许做浮巧之物及殚财厚葬。又下令太仆、少府减省黄门鼓吹费用，补给羽林士（禁军兵卒）；厩马非皇帝日常所乘御的，食物减半；各项造作工程，若非宗庙园陵之用，均暂时停止，从而减省了巨大的财政开支。

这一时期，自然灾害十分严重。永初元年（107），18个郡国地震，41个郡国大雨成灾或山洪暴发，28个郡国遭受风灾或雹灾；永初二年（108），12个郡国发生地震，京师及40个郡国发生水灾、风暴、冰雹；永初三年（109），京师洛阳一带遭受水灾或雹灾，9个郡国地震，并州、凉州出现大饥荒，以致出现人吃人的现象。

为此，邓太后不断下诏赈灾救难、减免赋税，安置流民。并于永初四年（110）正月，下令百官及州郡县官贡奉减半；次年三月，朝廷再下令省减郡国贡献太官食。

灾害连年之时，边疆同样多事难平。

自班超回洛阳之后，东汉朝廷派任尚接替班超的工作，任西域都护。任尚上任后，行事峻刻，引起西域各国人民的反感。延平元年（106）九月，西域各国因不满任尚的苛政，纷纷叛离东汉。汉朝廷命梁懂率河西四郡羌胡随5000骑驰救，改派段禧为都护。不久，龟兹吏民与温宿、姑墨联兵反汉，围攻龟兹城。梁懂等出城迎战，连战数月，平定龟兹。

次年，羌族再度起义，东汉朝廷派出将领平叛，却屡屡受挫。直至元初五年（118）诸羌内部势力瓦解，长达 11 年之久的平叛战争才算结束。为此，东汉政权投入军费 240 亿钱，致使"府帑空竭"。面对国用不足的情况，永初三年（109）四月，三公建议朝廷卖官，允许吏人用钱或谷可以买得关内侯、虎贲羽林郎、五大夫、官府吏、缇骑、营士等官爵，此举开东汉卖官鬻爵之先例。

永宁元年（120），汉安帝刘祜 26 岁了，早已经到了亲政的年龄，邓太后却不肯放权。郎中杜根上奏说皇帝已经成年，应该独立处理政务。邓太后大怒，将他套入布袋，用棍棒击打，抛于野外，杜根险些丧命。邓太后的弟弟邓康忧惧太后久临朝政会引后患，劝她退居深宫，不问政事。邓太后不听，罢免了邓康的官职，开除了他的族籍。但是，邓太后的坚持也未见长久，永宁二年（121）二月，40 岁的邓太后因操劳过度而死，汉安帝刘祜开始亲政。

河清不可俟，人命不可延。

顺风激靡草，富贵者称贤。

文籍虽满腹，不如一囊钱。

伊优北堂上，肮脏倚门边。

——〔汉〕赵壹《疾邪诗》

夺宫之变

邓太后时期，位居权力顶端的邓氏兄弟小心谨慎、奉公守法。但是"高处不胜寒"，当权力斗争的矛头指向邓氏兄弟时，厄运也就随之来临。

汉安帝刘祜亲政后，曾受过邓太后惩罚的宫人诬告邓悝、邓弘、邓阊等人曾阴谋废掉皇帝，另立平原王刘胜。汉安帝一直对邓太后把持朝权不满，如今得势，立刻找机会铲除邓氏兄弟。邓悝等人被以谋反罪处死。邓骘虽未被诬告，却也难逃厄运，被免去官职归家。建光元年（121）五月，邓骘与其子邓凤被迫绝食而死。其堂弟河南尹邓豹、度辽将军舞阳侯邓遵、将作大匠邓畅自杀。只有邓弘的儿子广德、甫德因其母与汉安帝刘祜的皇后阎后是姊妹，得以保全而留在京师。

邓太后在世时，汉安帝刘祜的乳母王圣常与宦官李闰、江京商讨如何让刘祜亲政。在铲除邓氏兄弟的过程中，这几人因大力支持刘祜，备受恩宠。江京被提升为中常侍兼大长秋、封都乡侯，李闰被提升为中常侍、封雍乡侯。同年，汉安帝封阎皇后的兄弟阎显、阎景、阎耀并为卿、校，阎显典禁兵；耿贵人的兄长牟平侯耿宝监羽林左军车骑；封外曾祖父的四个儿子皆为列侯。汉安帝在培植外戚势力，放纵宦官擅权之时，自己则安心玩乐，不理朝政。

此时的东汉朝廷正进入内忧外患，百事多艰之世。

延光元年（122），鲜卑族首领率众进扰雁门、定襄，攻掠太原，残害百姓；烧当羌的一支族人——虔人种羌联合上郡一带的胡人共同起兵反汉，攻掠谷罗城。东汉度辽将军耿夔率领诸郡兵马，征发乌桓骑兵共同讨伐，边患才算平复。次年正月，蜀地居住于汉嘉郡的旄牛夷起兵反汉，攻打零关（今四川峨边南），杀死地方长吏。汉益州刺史张乔、西部都尉等人出兵征讨，平复叛乱，汉朝廷在蜀郡属国设置都尉。

延光三年（124），南匈奴也顺势而起反叛东汉。同年，鲜卑部族多次寇掠边郡。度辽将军耿夔、温禺犊王呼尤徽率领刚刚归附汉朝的匈奴降者，出塞进攻鲜卑。由于战事频繁，征发不停，迫使新降汉朝的匈奴人再度反叛、出逃。汉朝中郎将马翼率胡骑追击，斩其部众。同年六月，鲜卑寇掠玄菟郡（今朝鲜咸镜道）；七月，鲜卑寇掠高柳（今山西阳高），击败南匈奴，杀南匈奴渐将王。

边境频频告急，汉安帝却无动于衷。自从亲政后，汉安帝刘祜就不曾关心过朝政，军政大事都交给宦官樊丰和外戚打理。而这两方势力相处得倒是融洽，相互勾结、玩弄权柄、胡作非为。假造诏书，调拨司农所管国库钱粮各自为自己家舍修造园地、庐观，花费人力、财力不计其数。

延光二年（123）四月，汉安帝封乳母王圣为野王君，封乳母女儿伯荣为圣女。母女两人从此更加肆无忌惮，横行霸道。汉安帝刘祜的父亲葬在甘陵（今河北邢台清河南部），为此，刘祜经常"遣黄门常侍及中使伯荣往来甘陵"。伯荣出行到甘陵，沿途前呼后拥，征发百姓筑路，修缮驿站，役夫动辄就数以万计。郡县官员夹道欢迎，郡守、王侯和两千石的官员迎着她的车子叩首行礼，赠送给伯荣仆役的缣帛，每人达数百匹。

伯荣四处耍威风，朝臣看不惯。大臣陈忠上书称"伯荣之威，重于陛下"，希望皇帝能加以管束，防止皇权被臣仆、婢妾们玩弄。汉安帝对此却满不在乎。汉安帝的昏庸无能，导致朝官重臣都如同摆设，鲜有作为。而刚正不阿之人，不仅无法在朝中立足，坚持己见还会丧命。

十月，汉安帝任命司徒杨震为太尉。有人向杨震推荐大宦官李闰的哥哥、外戚执金吾阎显向杨震推荐自己的亲信，都被杨震拒绝。但是司空刘授见风使舵，将这两个人提为自己的掾属。杨震上书揭发大宦官中常侍樊丰，侍中周广、谢恽等人结党营私，扰乱朝廷纲纪，汉安帝未予理睬。同时，以杨震为首的朝臣又多次上奏，要求皇帝约束王圣母女和宦官，汉安帝继续不回应。

杨震对朝中乱象的斥责，对安帝接二连三的苦谏，未曾引起皇帝的重视，却令宦官们坐立不安。延光三年（124）三月，大宦官樊丰等人向安帝诬告称："杨震为邓氏家族的门生故吏，对当今朝廷一直存有怨恨之心。"又假借天象出现的变化，称是因为杨震这样的臣子有"悖逆犯上"的行为。汉安帝的耳朵只能听进这种谗言，于是下令罢免杨震的官职，不久，杨震服毒而死。

一年之后，延光四年（125）三月，汉安帝突然病死在叶县（今河南叶县西南），当时他正在去往江南巡游的途中，未曾想此行竟然踏上了黄泉路，终年32岁。

其实，早在永宁元年（120），皇宫中就为帝位继承权的问题展开了殊死斗争。阎皇后无子，汉安帝立宫女李氏生的儿子刘保为皇太子，但是李氏立即就被阎皇后鸩杀。延光三年（124），阎皇后又联合汉安帝乳母王圣，宦者江京、樊丰等诬陷太子及东宫官属。九月，汉安帝又废皇太子刘保为济阴王。

汉安帝死后，阎皇后和兄弟阎显立刻迎立汉章帝刘炟的孙子、济北王刘寿的儿子刘懿为皇帝，当时刘懿只有八个月。阎皇后开始把持政权，将自己的兄弟阎显封为车骑将军，处理朝中事务。但是，阎氏门望低，独专朝政，缺乏政治根基、社会基础。阎氏兄弟不以为然，认为，只要控制京师军权就可长期称霸朝廷。

但是好景不长，十月末，刘懿病死。阎皇后、阎显秘不发表，屯兵宫中自守，打算再选个幼小皇，继续专权。但是，宦官中常侍孙程等人另有图谋，他们要诛杀阎显，拥立已废太子济阴王刘保为帝。

几天后，孙程在宫中德阳殿秘密召集 19 人，举行了宣誓仪式，每人割去一片衣服，同心协力，决意共举大事。随后，他们直入宫门，斩杀大宦官中常侍江京等人，又胁迫大宦官中常侍李闰同意拥立济阴王刘保。于是，孙程、李闰等人迎刘保入南宫即帝位，是为汉顺帝，时年 11 岁。阎氏兄弟都被打入牢狱伏诛，阎太后被幽禁，史称"夺宫之变"。

秋风萧萧愁杀人，出亦愁，入亦愁。座中何人，谁不怀忧。

——〔汉〕佚名《古歌》

内外交困无人解

延光四年（125）十一月，宦官孙程等 19 人因拥立汉顺帝刘保有功而得势，人人被晋封为列侯，一夜暴富。其中，孙程食邑万户，东阿侯苗光食邑最少，也过千户，时称"十九侯"。

宦官当道，朝纲败坏。司隶校尉虞诩对此很气愤。永建元年（126）八月开始，虞诩连续奏免不作为的朝官太傅冯石、太尉刘熹，劾奏扰乱朝政的宦官中常侍程璜、陈秉、孟生、李闰等人，虞诩此举惊动百官。但是，三公都阿附宦官，反诬虞诩。12 岁的汉顺帝不知如何处理，这事就不了了之了。

不久，顺帝疏远了孙程等人，开始信任宦官张防，重大事情先同张防商量。张防得势后，开始胡作非为。对此，虞诩再次上表劾奏中常侍张防卖弄权势，收受贿赂。

张防则向小皇帝痛哭流涕，申辩无罪，汉顺帝将虞诩免官。孙程得知此事，决定乘势铲除张防，与宦官祝阿侯张贤一起见汉顺帝，说张防赃证确凿，应赦免虞诩。同时，虞诩的儿子虞岂也与门生百余人，为虞诩诉冤。汉顺帝见状，将张防发配到边远地区，下令赦免虞诩，不久虞诩又升为尚书仆射。张防被流放没几天，汉顺帝又以孙程等人在朝骄横为由，罢了他们的官，并遣十九侯离京回封地。两年后，汉顺帝又念及孙程等人的功劳，召孙程回京师又任骑都尉，只是没有实权。

汉顺帝有意抑制宦官的权力，但是宦官的整体地位却在提高。阳嘉四年（135）二月，汉顺帝特别批准宦官可以领收养子，可世袭爵位，遂开宦官养子之先河。

宦官的日子好过了，民间却是灾害不断，百姓生活艰难。绵延不绝的自然灾害，导致国内经济形势十分严峻，各地农民起义再度烽烟四起。

永建三年（128），洛阳发生地震，汉阳（今甘肃甘谷东南）地陷裂，伤亡惨重。朝廷下令核查地震死难百姓，7岁以上每人赐钱2000；全家遭难者，郡县负责收殓尸体，又令免收汉阳当年田租、口赋。之后，风、涝、雨、旱等自然灾害也时有发生。

阳嘉元年（132）三月，扬州人章河，率领扬州六郡（九江、丹杨、庐江、会稽、吴郡、豫章）等地农民起义，义军声势浩大，先后攻略四十九县，杀朝廷设置的县令多人。

永和三年（138）四月，九江郡（今安徽寿县）人蔡伯流聚众起义，攻略郡县，杀江都长。闰四月，蔡伯流率众投降徐州刺史应志。五月，吴郡（今江苏苏州）郡丞羊珍、吴铜等人聚众200

余人起兵反汉，攻打吴郡太守府，太守王衡率兵斩杀羊珍等人。

东汉王朝自顾不暇时，周边各族势力又开始趁势扩张。为了应对边患问题，东汉朝廷开始加强边地兵备，增加屯田数。

永建元年（126）十月，朝廷因鲜卑人屡屡犯边，遣黎阳（今河南浚县东）营兵出屯中山郡（今河北定州）北部，声援南匈奴，并在周围各郡增置步兵，屯守边塞，调五营弩师传授骑射之术。同时，撤换幽（今北京西南）、并（今山西太原西南）、凉（今甘肃张家川）三州年老又无能的郡守，加紧修缮边塞屯要，督导吏民操练武艺，修整武备。

永建四年（129）九月，汉顺帝采纳尚书仆射虞诩的建议，复还安定、北地、上郡等三郡旧土，命所属各县修缮城郭，回徙百姓，各归旧县。第二年，将各郡国死刑犯减罪一等，徙至安定、北地、上郡三地屯戍，加强边地兵备。

永建六年（131）三月，朝廷下令在土地肥沃的伊吾卢重开屯田，并置司马衙门。阳嘉元年（132）十二月，朝廷再下诏复置玄菟郡屯田。

阳嘉三年（134）七月，钟羌部落酋豪良封起兵叛汉，攻略陇西郡（今甘肃临洮南）、汉阳郡（今甘肃甘谷东南）等地；十一月，武都郡（今甘肃成县西）塞上白马羌也联合其他羌人攻破汉置屯所，劫掠人畜。为此，东汉朝廷调动10万大军前去镇压，平叛战役历时10年，至建康元年（144）才算结束。

鉴于内外交困、急需人才，汉顺帝于阳嘉二年（133）召集公卿，要求举荐敦朴之士。文学家马融、科学家张衡^①在这一时期脱颖而出。永和三年（138）九月，朝廷又下诏，令大将军、三公（司徒、司空、太尉）推举故刺史、郡守及现任县令、长、郎、谒者等人中刚毅武猛堪为将帅者各 2 人，特进、卿、校尉等官各举同样人才 1 人。

就在人才辈出之时，朝权又发生了转移，这次，权力的风水再度流转至外戚集团的手中。

---

① 张衡（78—139），字平子，河南南阳人，著名的科学家、文学家和画家。绘制了我国历史上第一张地图，计算出圆周率的值为 10 的开方，为中国第一个理论求得 π 的值的人。发明了举世瞩目的地动仪，并在西汉耿寿昌发明的浑天仪的基础上，创制了一个更精确、全面的浑天仪，在他的《浑天仪图注》中全面总结和论述了浑天说的理论。他的另一部天文学作品《灵宪》则系统完整地描述了天地万物生成变化发展的过程。此外，张衡还发明了指南车、可计算里程的计里鼓车等机械仪器。而他的文学作品《两京赋》《归田园赋》则是汉代文学汉赋中代表性的作品。张衡也因此与司马相如、扬雄、班固并称"汉赋四大家"。

北山有鸱，不洁其翼。

飞不正向，寝不定息。

饥则木览，饱则泥伏。

饕餮贪污，臭腐是食。

——〔汉〕朱穆《与刘伯宗绝交诗》

跋扈将军乱朝纲

阳嘉元年（132），汉顺帝立梁贵人为皇后。梁皇后的父亲侍中、屯骑校尉梁商加位特进，同年升任执金吾。次年，汉顺帝打算封梁商的儿子梁冀为襄邑侯，被梁商劝止。阳嘉三年（134）汉顺帝又准备封梁商为大将军，梁商坚持不接受，并称病不上朝。第二年，汉顺帝派太常桓焉捧着诏书到梁商的家里授官，提升梁商为大将军，主持朝政。

汉顺帝的坚持，着实为自己选了位贤辅能臣。

梁商与那些耽荣好位的外戚不同，虽然身居高位，却谦逊礼让，虚己进贤，从不自傲。他轻财好施，吸取前车之鉴，抑制梁氏外戚势力的发展，避免梁氏家族罹祸。梁商用人坚持唯才是举，任用贤能之士汉阳人巨览、上党人陈龟为掾属，李固、周举为从事中郎。遇到灾荒年，梁商把自家的稻谷运到城门处，以朝廷的名义救助灾民。

梁商辅政期间，"王纲一整，道行忠立"，只是时间太短。永和六年（141）八月，大将军梁商病死，其子梁冀接任大将军的位置，梁冀弟弟梁不疑为河南尹。

梁冀接过父亲的权杖，却"反其父道而行之"。梁冀逸游嗜酒、戏耍赌博、斗鸡走狗，无所不为，梁商在世时他还知收敛，但等他升为大将军之后，原形毕露。

汉安元年（142）八月，朝廷派侍中杜乔、光禄大夫周举、守光禄大夫郭遵、冯羡、栾巴、张纲、周栩、刘班等8人到州郡考察政绩，惩治贪官污吏。杜乔等人受命而行，张纲出京城，到了洛阳都亭，却将车轮埋在地下，说："豺狼当道，安问狐狸？"随即转身回朝，上奏皇帝称："大将军梁冀专事贪污，搜求无度。"并罗列出15条罪状。同时，另外7位抵达地方的监察官员的举报中，所有贪污案件也都与梁氏有关。遗憾的是，此时的汉顺帝任人唯亲，明知张纲等朝官所言俱实，却因宠爱梁皇后而搁置不问。

梁冀却为此恨透张纲。为了报复张纲，九月，梁冀推荐张纲为广陵太守。朝官都知道，广陵郡（今江苏扬州）最难治理，广陵人张婴在扬州、徐州之间起义已经10余年，历任郡守均都束手无策。梁冀想借刀杀人，但是张纲到职后，很快就招降了张婴，徐、扬之地逐渐安定。只是第二年，张纲在广陵太守任上病死。

建康元年（144）八月，30岁的汉顺帝刘保突然死去，在位

19 年。汉顺帝唯一的儿子刘炳（143—145）即位，时年 2 岁，是为汉冲帝。

刘炳的母亲是虞贵人，但是梁皇后被尊为皇太后，临朝听制。其兄梁冀仍以大将军身份执掌朝政，而且越发"侈暴滋甚"。

此时的东汉王朝仍然处于多事之秋。扬州、徐州多次发生民众起义。起义军占据历阳，攻打郡县。直到永嘉元年（145）三月，起义军才被镇压下去。

建康元年（144）十一月，阴陵（今安徽定远西北）人徐凤、马勉在九江郡起义，声势颇盛。次年三月，九江都尉滕抚、御史中丞冯绲、中郎将赵序等合州郡兵数万人进剿，镇压了起义军。

永嘉元年（145），3 岁的小皇帝刘炳病死。

当时，有两位皇位候选人，一位是 17 岁的清河王刘蒜，另一位是汉章帝玄孙、8 岁的刘缵。清河王刘蒜严肃稳重，举止有法度，太尉李固及许多大臣都主张立刘蒜。但是，梁冀选择了利己的年幼刘缵（138—146）继承皇位，是为汉质帝。梁太后继续以皇太后身份临朝称制，朝政仍控制在梁冀手中。

永嘉元年（145）四月，丹阳郡（今安徽宣城）人陆宫率众起义，围攻宛陵；庐江郡（今安徽庐江西南）民聚众起事，攻打浔阳、盱眙（今属江苏）等地。十一月，历阳（今安徽和县）华孟聚众起义，进攻九江郡，杀太守杨岑。

各地的起义此起彼伏，朝廷的政治斗争也战火连连。

梁冀没想到，8 岁的小皇帝刘缵少而聪慧，见梁冀专横跋扈，汉质帝就当着群臣的面叫梁冀"跋扈将军"，惹得梁冀火冒三丈，起了杀机。本初元年（146）六月，梁冀命手下人在汉质帝的饼里下毒，毒死了刚满9岁的汉质帝。尔后，朝臣议立皇嗣，太尉李固、司徒胡广、司空赵戒等坚持立清河王刘蒜。宦官中常侍曹腾却忌恨刘蒜，横加阻拦。梁冀与梁太后决定立汉章帝曾孙、15岁的刘志为帝。胡广等人不敢再争。太尉李固却坚持拥立清河王刘蒜，还写信给梁冀，劝他立刘蒜为帝。结果，李固被罢官，梁冀还是立刘志（132—167）为帝，是为汉桓帝。梁太后继续听政如故，梁冀仍以大将军身份摄政。

建和元年（147）四月，梁氏以汉桓帝刘志的名义下诏，令大将军、公、卿、校尉荐举贤良方正、能直言极谏者各1人，又令大将军、公、卿、郡国举至孝笃行各1人，试图稳定人心。

然而，十一月，清河（今河北清河东南）人刘文与南郡（今湖北荆州）刘鲔不满梁氏专权，假称"清河王当统天下"，欲立清河王刘蒜即帝位，劫杀清河国相谢蒿。

朝廷随即出兵捕杀刘文、刘鲔，清河王刘蒜也因此被贬为尉氏侯。梁冀借此机会，诬蔑李固，将其下狱处死。大司农杜乔指责梁冀乱政，也被下狱冤死。同样，"为世通儒"的马融，虽然曾为梁冀起草诬陷李固的奏章，也终因不够顺从梁冀而被免官。

梁冀倚仗权势，为所欲为，朝中百官无人敢言。梁冀用权只为极尽享乐，朝廷的四方调发、岁时贡献都要先送到梁府，才轮到皇帝。

建和元年（147），梁冀的妹妹被立为皇后。这样，皇太后、皇后均为梁冀的姊妹，梁氏地位更加牢固。和平元年（150）二月，梁太后病死，汉桓帝刘志开始亲政。次年，刘志因为梁冀拥立有功，增封大将军梁冀万户，前后共食3万户；封其妻孙寿为襄城君，兼食阳翟租，岁入5000万，加赐赤绂，如长公主。此外，梁冀可以在殿前佩剑穿鞋，享受与萧何同样的礼遇。但是，梁冀对此并不满意。他想要的是，朝中无论大事小情，都由他决断，即使是宫里的日常起居，哪怕是纤细微小之事都需要让他知道。百官升迁，都必须先到梁冀门下谢恩，才敢到职。甚至朝臣的生杀大权，也要他来掌握。梁冀早已经把自己当成没有皇冠的皇帝，凡与自己结怨者必死无疑，以至于朝廷上下"百僚侧目，莫敢违命"。就算汉桓帝也要对梁冀拱手听命，不得与议。

梁氏家族权倾朝野，"前后七封侯，三皇后，六贵人，二大将军，夫人、女食邑称君者七人，尚公主者三人，其余卿、将、尹、校五十七人"。梁冀大力培植党羽，妻子孙寿也不示弱，孙氏中身为侍中、卿、校尉、郡守、长吏者十余人。

梁冀的跋扈放纵，让19岁的郎中袁著愤恨不已，上书建议梁冀退休交出大权。结果，袁著被杀，袁著的朋友郝絜、胡武也被害死。胡武家受株连者达60余人。不仅如此，就连误杀梁家兔子的百姓，也都是死罪。

然而，朝廷中仍不乏不畏权贵之人。延熹元年（158）十二月，尚书陈龟上疏，罗列出梁冀诸多罪状，请皇帝诛杀梁冀以正朝纲，桓帝不批准。陈龟知道自己难免一死，选择绝食七日而亡。

梁冀掌权 20 多年间，"暴恨跋扈，壅君树党"，横行宫廷内外。汉桓帝不甘心为傀儡天子，杀梁冀、除梁氏早已是心头大事，奈何实力不允许，不敢轻举妄动。

延熹二年（159），汉桓帝的皇后、梁冀妹妹离世，孙寿将一叫邓猛的美人介绍给汉桓帝，颇得皇帝宠爱，被封为贵人。梁冀见邓猛得宠，打算认其为义女，改姓梁，以巩固梁家的地位。但是，邓猛的姐夫邴尊在朝中做议郎官，梁冀担心邴尊会阻碍自己的计划，于是派人刺杀了邴尊，接着又去刺杀邓猛的母亲，未得逞。梁冀的所作所为惹怒了桓帝，迫使皇帝决定即刻动手铲除梁氏。但是，桓帝能依靠的人也只有宦官，遂与宦官单超、唐衡、左悺、徐璜、具瑗等人，共谋诛杀梁冀。

八月，汉桓帝召尚书入殿，宣告要惩办梁冀。命尚书令尹勋持节率郎丞以下将官坚守宫廷，派黄门令具瑗率兵千余人，与司隶校尉张彪共围梁冀宅第，收缴梁冀大将军印。梁冀及其妻孙寿当日自杀。与梁氏有牵连的公卿、列校、刺史、俸禄 2000 石的官员数十人都被株连处死，梁冀手下的官吏、宾客 300 多人被罢免，"朝廷为空"，朝野鼎沸。更令朝廷震撼的是，梁冀被抄的家财达 30 余亿钱，这笔巨财充入国库后，朝廷即刻诏令天下当年租税减半，而开放梁冀建造的园囿给穷困百姓居住，百姓无不拍手称快。

但是，汉桓帝在铲除了一手遮天的梁氏集团后，并未就此整肃朝纲、重振皇威，而是"前门拒虎，后门进狼"般重用宦官，导致东汉王朝祸乱不止。

凤麟自古待明时，矾虫何堪论是非。

可是首阳可埋骨，争知人怨首阳希。

——〔宋〕陈普《咏史上·李膺范滂》

宦官再肆虐

汉桓帝诛灭梁冀，宦官们因功上位。宦官单超、左悺、徐璜、具瑗、唐衡被封为列侯，世称"五侯"；又封小黄门刘普、赵忠等八人为乡侯。单超任车骑将军，位同三公，大权在握。

延熹三年（160）正月，单超死，宦官武原侯徐璜、东武阳侯具瑗、上蔡侯左悺、汝阳侯唐衡四人受宠得势，人送别号"徐卧虎""具独坐""左回天""唐两堕"，称其四人"或似卧虎"，无人敢惹。

宦官们"手握王爵，口含天宪"，亲属也纷纷进入朝廷或地方衙门成为新贵，贪污弄权、残害百姓。

统治阶级的奢侈腐朽，导致国家财政枯竭，被迫减少朝政开支。延熹五年（162）八月，朝廷下诏，以府库空虚为由，要求减少虎贲、羽林武士中"不任事者"俸禄一半，且不给冬衣；公卿以下百官冬衣减半。

朝官们的日子不好过，百姓的生存更是无以为继。起义的战

239

火，随即被点燃。

延熹五年四月，长沙郡（今湖南长沙）、零陵郡（今湖南永州北）暴发农民起义。起义大军进攻桂阳郡（今湖南郴州），苍梧郡（今广西梧州）等地，攻破苍梧，缴获汉廷调兵用的铜虎符，太守甘定逃跑。朝廷急令周边各州郡用兵镇压，却被义军击败。八月，艾县（今江西修水西）百姓聚众起义，义军焚烧长沙郡郡治，杀益阳县令，众至万余人，屯据益阳城（今湖南益阳东）。延熹六年（163）七月，桂阳郡民李研聚众起义，攻打郡县。次年七月，荆州刺史度尚率军进讨，义军失败。

为了整顿吏治，平复民怨。延熹六年，尚书朱穆上疏，请求"尽罢宦官，复西汉之制，改以士人为中常侍"。汉桓帝不许。不过，五侯及其亲属的擅权行为，也令汉桓帝忧虑。十二月，桓帝还是采纳了司空周景、太尉杨秉的建议，核查各部门不法官吏，以威慑宦官们。

杨秉大刀阔斧、劲奏整治，青州刺史羊亮等五十余人被处死或罢免，天下一时肃然。延熹八年（165）二月，太尉杨秉对宦官下手，以残暴贪婪之罪，请皇帝惩治宦官中常侍侯览之兄、益州刺史侯参。侯参在赴京途中自杀，侯览被免官。五月，太尉杨秉病死，不久宦官侯览又被复职。同年，司隶校尉韩缜向皇帝劲奏宦官小黄门张让、上蔡侯左悺罪恶，及其兄太仆左称贪赃聚敛，放纵宾客，侵害百姓等罪行。左悺、左称畏罪自杀。中常侍、东武阳侯具瑗之兄、沛国相具恭因贪赃罪被下狱，宦官具瑗被贬为乡侯。十二月，司隶校尉李膺也纠查出贪残无道的小黄门张让之弟张朔，张朔逃到张让家躲藏，被搜出押回，审问后被处死。此后，诸黄门、常侍见李膺都大气不敢出，个个鞠躬屏气，不敢得罪。李膺名声大振，当时若人能被李膺接见一次，都会倍感荣幸，人称"登龙门"。

宦官专权有所收敛，正直的官吏和太学的学生及郡国生徒们则联合起来，发起"清议之风"运动，议论政治，品评人物，猛烈抨击宦官集团。

宦官集团虽然惧怕李膺等人，却也不想束手待毙，暗中寻找反击的机会。延熹九年（166）夏，方士张成与宦官交好。张成儿子杀人，被李膺部下收捕，时逢大赦，李膺不赦，将其杀掉。宦官们抓住这个机会，唆使张成的弟子牢修上书，诬告李膺等人蓄养太学游士，结交郡国生徒，相为部党，诽谤朝廷。汉桓帝原本就相信张成的占卜之术，所以并不怀疑牢修的话，下令逮捕党人，李膺等人入狱，受牵连者有太仆杜密，御史中丞陈翔，名士陈寔、范滂等200余人。

第二年，在城门校尉窦武、尚书霍谞等人的请求下，汉桓帝对党人略微宽恕，永康元年（167）六月，下令赦免党人，勒令党人200余名皆归田里，禁锢终身，不许入朝为官，史称"党锢之祸"。反宦官的斗争也因此遭遇重挫。

但是，朝廷对党人的打击，不仅没能引起天下共鸣，反而激发了天下士人对党人的钦慕之心，纷纷发表言论抨击朝廷，以党人为榜样，称窦武、陈蕃、刘淑为"三君"，称其为一世之宗；以李膺、荀昱、杜密、王畅、刘佑、魏朗、赵典、朱寓为"八俊"，称其为人中英杰；郭泰、范滂、尹勋、巴肃、宗慈、夏馥、蔡衍、羊陟为"八顾"，称其能以德行引人；张俭、翟超、岑晊、苑康、刘表、陈翔、孔昱、檀敷为"八及"，称其能使人仰慕而向其看齐；度尚、张邈、王考、刘儒、胡母班、秦周、蕃向、王章为"八厨"，称其能以财救人。

就在天下标榜党人成风之时，永康元年（167）十二月，汉桓帝刘志离世，在位21年，时年35岁。次日，皇后窦氏被尊为太后，临朝称制。

山木暮苍苍，风凄茅叶黄。

有虎始离穴，熊黑安敢当。

——〔宋〕梅尧臣《猛虎行》

皇帝忙赚钱

汉桓帝有三个女儿，没有儿子。朝廷议立新帝，侍御史刘鯈推荐汉章帝五世孙、解渎亭侯 12 岁的刘宏（156—189）。随后，窦太后之父窦武与中常侍曹节率中黄门、虎贲、羽林千人，迎接刘宏至京师，即皇位，是为汉灵帝。

窦太后临朝听政，其父窦武为大将军辅政。窦武是窦融的玄孙，其父窦奉与窦宪是从祖兄弟。窦武为人"清身疾恶，礼赂不通"，辅政之后与太傅陈蕃共参朝政。两人理朝纲，辅国政，用仁臣，试图开创汉朝中兴之世。为此，重新起用李膺、杜密、尹勋等党人入朝。

然而，相对宦官势力，以窦武、陈蕃等为首的士大夫集团，就显得势单力薄。窦武、陈蕃等人尽心尽职，欲有所作为，中常侍曹节、王甫等人互相勾结处处加以阻挠。

建宁元年（168）八月，窦武、陈蕃与尚书令尹勋等人商议诛尽宦官，以清理朝政。但是，窦太后犹豫不定。在她看来，宦官是汉宫旧制，只能杀宦官中有罪者，不可尽废。未料，事情泄露，宦官们先发制人。九月，窦武出宫还府时，曹节勾结朱瑀等 17 个宦官，假借汉灵帝之命抓捕窦武等人，又派兵劫持窦太后，夺走皇帝玺绶。最后，陈蕃被杀、窦武自杀，曹节、王甫将窦氏宗族的宾客、家属徙至边地，窦太后被幽禁，公卿朝臣曾为陈蕃、窦武门生、故吏者，皆被免官或禁锢。

宫廷争斗以宦官的全胜而告终，汉灵帝提升曹节为长乐卫尉、封育阳侯，其手下 6 人封列侯、11 人封关内侯。宦官开始控制朝政。第二年，宦官们发起了株连更广的第二次党锢之祸。侯览指使朱并上书，诬告前党人张俭与及其同乡共 24 人"别相署号，共为部党，图危社稷"，朝廷下诏速捕张俭等人。曹节乘机奏捕党人，李膺、杜密等数百名士人、朝官死在狱中。

熹平元年（172），窦太后病死，有人在京师北宫门朱雀阙上写标语："天下大乱，曹节、王甫幽杀太后，常侍侯览多杀党人。"宦官们又促使汉灵帝下诏，逮捕党人。这次，拘留太学生和游士有 1000 多人。熹平五年（176）闰五月，永昌太守曹鸾上疏为党人诉冤，因言辞激烈，惹怒了汉灵帝，曹鸾被处死。同时，朝廷再诏令各州郡大举"钩党"，天下名士及儒学有行义者都被举为党人，其中也掺杂官报私仇者，致死、流徙、罢免、禁锢者有六七百人。

两次党锢事件，使得官僚士大夫集团受到惨重打击，宦官集团更加猖獗，从中央到地方，权力几乎全被宦官集团垄断。宦官曹节的父、兄、子弟出任公卿列校、牧守令长，朝廷内外更是声色犬马、卖官鬻爵，无处不弥漫着骄奢淫靡的气息，就连皇帝也忙着给自己搜刮钱财。

汉灵帝刘宏出身侯爵之家，家中不算丰裕，突然坐上皇位，一夜暴富。刘宏很清楚，朝权不在自己手中，索性依附宦官、专注搜刮钱财。

光和元年（178），他与宦官在西园开置邸舍，公开卖官，价钱依官职大小而定：2000 石官交钱 2000 万，400 石官交钱 400 万。他还让左右在私下买卖公卿官：三公 1000 万钱；卿 500 万钱。除了皇帝位子不卖其他官位都卖。汉灵帝还在西园另设钱库，将所得之钱贮于库中，归己私有。

汉灵帝把搜刮来的钱财用在老家河间购买土地、建造宅院，剩下的就存在宦官的家里，一家存上几千万。宦官中常侍吕强劝汉灵帝说："天下万物都是皇帝的，皇帝不宜置买私田、私宅。"汉灵帝不听，仍然尽力搜刮并大肆挥霍。

皇帝忙着赚钱、宦官弄权放纵、官僚地主贪婪残暴，这个原本就千疮百孔的东汉王朝，更加失去民心。

光和二年（179）十月，巴郡（今重庆北）板楯蛮族人起兵反汉，攻略三蜀和汉中郡（今陕西汉中东）等地，朝廷派兵进讨，攻战连年，始终未能平定。光和三年（180）四月，江夏郡（今湖北武汉新洲区西）蛮人也起兵反汉，同时，庐江郡（今安徽庐江西南）黄穰应声而起，两军合兵众至 10 万余人，连破四县，朝廷震动。

数十年来，各地农民起义始终绵延不绝，但是都未能汇合成一股强大的力量，不仅是因为起义军中缺乏有领导力的领袖，还在于地方豪强武装力量的增强和州郡牧守们势力的扩张。这两方势力是起义军发展的最大阻力。

东汉政权的建立，得益于豪强地主的支持，他们也依靠朝廷政权政策的保护，大肆兼并土地。东汉时期，农业种植的亩产量一直在提升，得益于东汉朝廷推行的"区田法"，以及牛耕、新型的全铁制耕作的普及，提高了农业生产能力。西汉武帝时期"一岁之收，常过缦田亩一斛（石）以上，善者倍之"，至东汉末"今通肥硗之率，计稼穑之入，令亩收三斛"。粮食产量已经成倍增长。但是，农民的生活水平却未见提高，而是陷入更深的苦难之中。其根源就在于，财富都集中在豪强世族手中。

豪强们通过土地兼并，占有生产资料，广大农民却因此丧失土地，或变成流民或依附豪强而生存。豪强地主就成了他们的主人，而平民则沦为奴婢。豪强世族们广占田产、人口，形成了田庄经济。为了保护财产和安全，他们不仅在各自田庄中修筑防御工事，还组建了私家武装。这种武装力量，逐渐从看家护院发展成为割据一方的武装力量，也就成了镇压农民起义的主力军。

同样，由于各地农民、少数民族地区的反抗此起彼伏，东汉朝廷不得不依附地方官吏去镇压，各州郡牧守们被给予了更多的权力、财力和物力，实力自然不俗。

从地方到中央，统治阶级各阶层都在忙着各自的前程，宦官们更是如同不知餍足的饕餮者，疯狂蚕食着东汉王朝的余晖。

　　光和四年（181），宦官曹节死。光和六年（183），以张让等宦官为首的12人势力集团崛起。中常侍张让、赵忠、夏恽、郭胜、孙璋、毕岚、栗嵩、段珪、高望、张恭、韩悝、宋典等12人都被封侯，贵宠无比，时人称为"十常侍"。昏庸的汉灵帝，更将宦官称为父母，常说："张常侍是我公，赵常侍是我母。"猖狂的"十常侍"们，各自筑高宅大第，规模同于皇宫；父兄子弟出任州郡牧守，残害百姓。天下怨声四起，却无人敢问。

　　中平元年（184）二月，终于爆发了由张角领导的黄巾军起义。这一次，东汉王朝的丧钟被狠狠地敲响了。

西京乱无象，豺虎方遘患。

复弃中国去，委身适荆蛮。

亲戚对我悲，朋友相追攀。

出门无所见，白骨蔽平原。

——〔东汉〕王粲《七哀诗》

黄巾起义

宦官当道，天子无良知。放眼全国，不仅战乱频仍，还有频繁爆发的大规模的瘟疫正在吞噬着成千上万人的生命。贫穷无告的老百姓或揭竿而起或等待救世主的出现。这时，佛教与道教浮现于历史年轮中，慰藉着焦躁不安的民心。

佛教作为外来文化，最早见于《三国志·魏书》："汉哀帝元寿元年，博士弟子景卢受大月氏王使伊存口受《浮屠经》。"也就是说，在西汉末年，佛教开始进入中国。到东汉的汉桓帝、灵帝期间，古印度和西域的僧人陆续来到洛阳，大量佛教典籍被译出。但是，直至东汉末期，佛教的影响仍仅局限于官方和贵族之间，尚未对民间百姓产生影响。

相反，道教则在民间有了广泛的影响力。西汉初，统治者推行"黄老之学"。在黄老学中，除了治国之术还有养生之术。历代帝王都有养生和求长生不老的需求，使得方士们在帮助帝王们求仙及寻求长生不老方法的同时，借用黄老之学的理念，结合方术①的实践，逐渐形成了一套教义理论。到了东汉时期，统治者们将"黄老之学"由最初的对其治国理念的推崇，演变为对"黄帝"和"老子"的崇拜。黄帝和老子被皇室贵族们请进祀庙供奉，以求长生、多福。老子的"清虚无为""道法自然"等思想被作为"道"的化身，"道"字开始被方士们称用，"道士"之称也逐渐出现。

在瘟疫肆虐之时，民间出现两大成规模的道教流派，即巨鹿张角的"太平道"和汉中张鲁的"五斗米道"。两大流派都有一个共同点，就是用巫术和药物为贫病交加的百姓治病。

《后汉书·皇甫嵩传》中记载："巨鹿张角……奉事黄老道，蓄养弟子，跪拜首过，符水咒说以疗病，病者颇愈，百姓信向之"。当时，张角自称"大贤良师"，一边到处为人医病，一边传播"太平道"蓄养弟子。经过十余年的积累，已经拥有来自青、徐、幽、冀、荆、扬、兖、豫八州数十万徒众，其中不乏豪强及朝廷宦官、宿卫人员。张角是有个野心的人，当信徒达到一定数量时，张角就决定发起一场全国性的大起义，夺取天下。为此，张角将信众分为 36 方，也就是 36 个部。大方统领万余人，小方

---

① 方术，指方技和术数。所谓方技，在古代指医经、经方、神仙术、房中术等等；所谓术数，在古代指阴阳五行八卦生克制化的数理等。

统领六七千，每方都置有首领。

张角令弟子们四处传播"苍天已死，黄天当立，岁在甲子，天下大吉"的民谣，在各地进行动员。同时，派出大方首领马元义先召集荆、扬地区信众数万人到邺城（今河北临漳西南），与冀州道徒会合，约定在邺城起事。又派马元义来往于京师洛阳，联络中常侍封谞、徐奉等人为内应，约定次年，也就是中平元年（184）三月五日，同时起义。

不料，在起义前一个月，张角弟子唐周叛变，向朝廷告密，致使大方首领马元义被捕，遭车裂而死。凡与太平道有联系的官兵、百姓千余人遭捕杀。朝廷还下令冀州追捕张角。中平元年二月的一天，张角被迫连夜通知各方，提前起义。

起义群众头裹黄巾作为标志，人称"黄巾军"。张角自称"天公将军"，其弟张宝称"地公将军"、张梁称"人公将军"。起义军焚烧官府，捕杀官吏，声势浩大。旬月之间，天下四处响应，京师震动。

三月，朝廷下令州郡修理攻守器具，挑选练习军械备战。汉灵帝召群臣商量对策，北地太守皇甫嵩建议，解除党人之禁，笼络人心。汉灵帝拿不定主意，咨询中常侍吕强，吕强也建议释放党人，减少民怨，防止其他党人与黄巾军联合。这时，灵帝才下诏大赦党人，"党锢之祸"遂告结束。

四月，郎中张钧上书称：张角能聚众数十万人起义，根源在于宦官，建议斩十常侍之首，悬于京师南门之处，起义军就会自行散去。汉灵帝大怒，宦官们是他的依靠、他的"父母"，此次黄巾军起义，虽然也有宦官参与，但是大多数宦官还是好人。结果，郎中张钧被下狱处死。

接着，朝廷以皇后的哥哥何进为大将军，率左右羽林、五营将士屯于洛阳都亭，增修兵械，又在洛阳周围函谷（今河南新安东）、大谷（今河南偃师西南）、广成（今河南汝州市西）、伊阙（今河南洛阳西南伊阙口）、辕辕（今河南偃师东南辕辕山上）、旋门（今河南荥阳西汜水镇西南）、孟津（今河南孟津东）、小平津（今河南孟津东北）等八关，设置都尉各一人，率兵捍卫京师。

这时，黄巾军主要活动于冀州、南阳、颍川等三个主要地区。朝廷派遣北中郎将卢植率军攻打冀州地区张角所部黄巾军；命左中郎将皇甫嵩、右中郎将朱儁、骑都尉曹操率兵四万剿颍川郡黄巾军。

卢植率军连破张角，斩首万余级。张角退至广宗（今河北威县东）。卢植准备围攻广宗，汉灵帝派宦官左丰至冀州视察。由于卢植不肯贿赂左丰，左丰回京师后诬告卢植作战不力，汉灵帝令卢植还京师并治罪，改命中郎将董卓进攻广宗。

五月，皇甫嵩、朱儁、曹操合兵大破颍川黄巾军，斩首数万级，皇甫嵩因功被封为都乡侯，曹操升迁为济南相。汉军继续向汝南郡（今河南平舆北）、陈国（今河南周口淮阳区）进攻，大败黄巾军。朱儁因功升为镇贼中郎将。

八月，皇甫嵩在苍亭（今山东阳谷北）大破东郡黄巾军，斩首 7000 余级；十一月，皇甫嵩乘胜进击，与巨鹿太守郭典大破张角弟张宝军于下曲阳（今河北晋州西北），张宝战死；同月，朱儁攻破宛城，杀黄巾军万余人，南阳平定。黄巾军起义 9 个月之后，主力被全部消灭，起义失败。但是，黄巾军余部在各地仍然活跃，各地并不平静。

听说黄巾军主力被剿灭，汉灵帝大为振奋，以为危机解除，又开始忙着赚钱，继续搜刮、暴敛天下。

中平二年（185）二月，京师洛阳发生火灾，南宫被毁。宦官中常侍张让、赵忠等劝汉灵帝税田亩以修宫室、铸铜人。于是，汉灵帝诏令天下，除正常租赋之外，征收天下田亩税十钱，作为"修宫钱"。又诏令州郡，将材木文石运送京师。宦官、刺史、太守都从中谋私利，复增私调。同时，朝廷又规定，百官升迁要纳"助军钱"，然后才准到任。有些官员宁愿不去上任也不出钱，朝廷不同意，硬逼着去上任。朝廷还要求各郡国贡献赋税。这些名目繁多的搜刮，最终都落到百姓头上，百姓怨声四起，农民起义再度扑来。

黄巾军余部在益州（今四川、贵州和云南三省大部）很快又发展至 10 余万人；中原地区有山、黄龙等义军数十股；复起的青州黄巾军众逾百万；冀州黑山军亦众至百万；黄巾余党郭太等复起于西河白波谷，有众 10 余万。义军攻打郡县，诛杀官吏，声势浩大，此起彼伏，形成燎原之势。中平四年（187）八月，修好多年的南匈奴也再次反汉。

为了镇压各地农民起义，中平五年（188）三月，汉灵帝在太常刘焉的建议下，提升地方官吏的地位，大肆放权。改刺史为州牧，位居郡守之上；选派列卿、尚书出任州牧，掌握一州的军政大权。经此一改，州牧有了割据一方的基础，为东汉末期诸侯军阀割据埋下了伏笔。

为了加强京师洛阳的军力，也为了分散外戚大将军何进的兵权，八月，朝廷在西园成立统领全国军事的统帅部，组织起一支新军。统帅部共设八校尉：大宦官蹇硕为上军校尉、中军校尉袁绍、下军校尉鲍鸿、典军校尉曹操、助军左校尉赵融、助军右校尉冯芳、左校尉夏牟、右校尉淳于琼。其中，上军校尉蹇硕成为全国军队的最高统帅，大将军何进也要听蹇硕的指挥。

不久，中平六年（189）三月，33岁的汉灵帝病死。汉灵帝一生荒淫无度，嫔妃众多，所生皇子有十几个，存活下来的只有刘辩和刘协。刘辩（176—190）是何皇后所生，汉灵帝死后，何进拥兵入宫，升朝议政，宣布14岁的皇长子刘辩继承皇位，是为汉少帝。

汉季失权柄，董卓乱天常。

志欲图篡弑，先害诸贤良。

逼迫迁旧邦，拥主以自强。

海内兴义师，欲共讨不祥。

——〔东汉〕蔡琰《悲愤诗》

董卓乱权

14 岁的刘辩继位，何皇后被尊为皇太后，临朝听政。大将军何进与太傅袁隗共参录尚书事，执掌朝政。刘协被封为渤海王，后改封为陈留王。

其实，汉灵帝临死前将刘协托付给了宦官蹇硕，打算让皇子刘协继位。刘协是汉灵帝刘宏与王美人所生。光和四年（181），王美人生下刘协后，被何皇后毒杀。汉灵帝为此大怒，要废掉何皇后，何皇后重金买通宦官们为她说情，才没被废黜。汉灵帝怕何皇后加害刘协，一直将刘协交给母亲董太后抚养。

虽然何进抢先一步拥立刘辩为新皇帝，但是宦官蹇硕并未就此罢休，打算改立刘协为帝，并开始计划诛杀何进。中常侍赵胜素亲何氏，得知消息后密告何进。于是，何进先下手杀了蹇硕，将其所统禁兵都归其领导，由此取得西园八校尉的指挥权。接着，何太后令何进将董太后之弟骠骑将军董重下狱。董重自杀，董太后忧惧而死。这时，袁隗的侄子中军校尉袁绍因嫉恨宦官专权，写信给何进，建议诛除所有宦官。何进打算接受袁绍的建议，但是何太后反对，认为宦官统领禁省是汉朝制度。何进没了主意，袁绍又建议何进召州郡将领带兵马入京，胁迫太后，逼她答应诛除宦官。

中平六年（189）七月，何进密召邰乡侯董卓带兵入京。当时地方诸将中，只有董卓曾经上书朝廷，明确表示要诛杀宦官。何进的决定遭到主簿陈琳、侍御史郑泰、尚书卢植等人的反对。群臣认为，何进手握重兵，要诛杀宦官，只需当机立断即可，不需要召外兵进京，若董卓进京必为祸乱。但是，何进不听。

八月，董卓兵马正在赴京的路上时，何进要诛诸宦官之事被中常侍张让、段珪等人知道。宦官们不想坐以待毙，即刻采取行动，矫何太后诏召何进入宫，将其刺死。何进的部下吴匡、张璋在宫门外闻听何进被杀，遂与虎贲中郎将袁术一起攻打宫门，又纵火烧南宫宫门。袁绍引兵入宫，杀宦官赵忠等人。张让、段珪却劫持汉少帝刘辩、何太后及陈留王刘协仓皇出逃。

袁绍随即下令关闭宫门，屠杀宦官，不论年纪大小，被杀的宦官达2000多人。东汉以来猖獗近百年的宦官集团遂告覆灭。

张让、段珪劫持汉少帝等逃至小平津，尚书卢植率军连夜追赶。张让自知在劫难逃，在河南中部掾闵贡的逼迫下，投河自尽。

赴京路上的董卓，在得知汉少帝被劫持到北芒山（今河南洛阳北)时，敏锐地抓住了这个难得的机会，带兵前去迎接汉少帝回宫，乘机控制了小皇帝。一场皇宫内乱暂告平息，董卓"渔翁得利"控制了京城。

董卓是陇西临洮人，父亲董君雅是颍川纶氏县尉。延熹四年（161）董卓从军，因有军事才干被中郎将张奂调至军中任行军司马，随张奂征讨羌族叛乱。战后，董卓"拜郎中，赐缣九千匹"。此后，又历任广武令、蜀郡北部都尉、西域戊己校尉等职，因数次参与平定少数民族叛乱，升为并州刺史、河东太守。在镇压黄巾起义时，董卓因无功被免官。中平二年（185），河西凉州叛军首领韩遂率领数万兵骑大兴东进，"入寇三辅"，使得"天下骚动"，朝廷令董卓复出，升任他为中郎将，讨伐韩遂。最终董卓军大获全胜、全师回还，被封为斄乡侯，食邑千户，驻兵西凉。中平六年（189）年初，朝廷担心董卓拥兵自重，征董卓入京师提升为少府。董卓清楚，如果进京师他就是个闲官，自己多年的经营将是虚空一场。于是，上书推辞，称自己的军队由秦胡雇佣兵构成，都是些职业士兵，他们离开军队就无法养家糊口，故自己不能放弃军队进京。没多久，何进、袁绍召其入朝，董卓认为这是可以大展身手的机会，就来了。

其实，董卓这次只带了三千多士兵进京。但是，为了慑服朝廷百官，董卓虚张声势，在夜里把军队秘密派出城，第二天再大张旗鼓地回来，如此反复，给人造成不断有新兵进城的假象。同时，何进及其弟车骑将军何苗部众没有归属，也都投靠了董卓。

董卓又诱使吕布杀死执金吾丁原，让其部将归附于己。这样，董卓在军事上完全控制了京都的局势。

随后，董卓以"久旱不雨"为由，逼迫朝廷罢免司空刘弘，自为司空。中平六年（189）九月，董卓会集群臣，废汉少帝，改立8岁的陈留王刘协（181—234）为帝，是为汉献帝。对此，袁绍不同意，被赶出京师。董卓自任太尉，开始专制朝政。百官因慑于董卓的淫威，悲切惶恐，无人敢言。

汉少帝刘辩被废为弘农王。次年，刘辩饮药自杀，董卓又鸩杀何太后。十一月，董卓自称相国，跃居三公之首，享有"赞拜不名、入朝不趋、剑履上殿"的特权。汉献帝刘协只是个傀儡皇帝。

但是，董卓只有图谋权力的欲望和野心，却没有掌控大局的智慧和才能。掌控朝权后，即刻释放出其魔鬼般的狂妄——将权力赋予暴力和压迫——给百姓带来无处不在的灾难。

董卓放纵手下兵众在京师大肆剽掠财物，奸淫妇女，残害百姓，甚至"奸乱公主，妻略宫人，虐刑滥罚"。京师人人自危。董卓还无所顾忌地大肆提升自己家族成员的地位：加封母亲为池阳君，地位与皇家公主相当；升弟弟董旻为左将军，封鄠侯；封年幼的孙女为渭阳君。

为了巩固自己的权位，董卓征集名士、拉拢士人为己所用。启用才学与名望俱高的蔡邕为侍书御史，后又升迁为尚书；重用名士尚书周毖、城门校尉韩馥为冀州牧，侍御史刘岱为兖州刺史等。也有士大夫不肯与之共合作的，如袁绍、袁术和典军校尉曹操，都从洛阳逃出，各自全力发展蓄积反董卓的军力。对董卓来说，顺者昌，逆者亡，这些人如果不逃走就可能被董卓处死。

中平六年（189）年底，曹操逃至陈留（今河南开封祥符区东南），变卖家财，加上同乡豪强卫兹的资助，组织起一支五千人的军队，起兵讨伐董卓。初平元年（190）正月，关东（古函谷关以东地区）诸州郡牧守也纷纷起兵，讨伐董卓，共同推举颇有威望的渤海郡（今河北沧县一带）太守袁绍为明主。陈留太守张邈也起兵响应袁绍军，而曹操此时既没有根据地也没有实力，所以加盟了张邈军，受其节制。

二月，董卓担心关东起义军对洛阳构成威胁，便不顾朝臣们的反对，逼迫汉献帝迁都长安，并放火烧毁洛阳的宫殿、官府和民房，把洛阳变成一片废墟，不给起义军留下任何可用之物。数日间，洛阳百余里内荒无人烟。而此时的长安城，早已是"宫室营寺焚灭无余"。因为，当年赤眉军退出长安之前，在城中大肆劫掠，放火焚烧了宫室，留下的只有高帝庙、京兆尹的府舍。

董卓用步兵、骑兵裹挟百万民众，强行迁都长安，民众一路相互扶持，又相互踩踏、跌倒，饥饿、疾病、死亡相继。在迁都之前，董卓又杀袁绍家族成员，袁氏死者50余人。还命令吕布挖掘东汉诸帝及公卿陵墓，盗取珍宝。

在汉献帝和朝官及百姓迁入长安时，董卓带兵据留在洛阳附近。而此时，原本声势浩大的关东起义军却出现了分歧，因为各自都想保存实力占据地盘，又顾及董卓兵力强大，无人肯出兵。

当时，袁绍屯兵于河内；张邈、刘岱、桥瑁、袁遗屯驻于酸枣；袁术屯兵于南阳；孔仙屯兵于颍川。最后，只有曹操率兵攻打董卓，但是曹操手下的新兵作战能力实在太弱，行至荥阳就被董卓的部将徐荣打败，退回酸枣。不久，长沙太守孙坚起兵讨董卓，离洛阳 90 里处时，董卓亲自出战，却不敌孙坚，兵败退到长安。因洛阳残破不堪，孙坚不能驻兵，下令手下将被挖掘的各帝陵墓修理一番，兵退鲁阳。

迁至长安后，董卓开始构筑自己的王朝，暴虐不减。在自己的封地，董卓修筑了与长安城墙规模相当的坞堡，称之为"郿坞"，规定所有朝官经过时，都必须下马行大礼；董卓到郿坞巡查时，要求公卿以下的官员为他送行，还预先搭建帐幔饮酒，以此引诱北地数百反叛之人自投罗网，并在酒席上将他们杀掉，然后割断舌头，斩掉手脚，又挖出眼睛，放入锅中煮。在场的官员吓得瑟瑟发抖，董卓却吃喝照旧，神态自若。

当时，蔡邕的女儿蔡文姬曾写下著名的《悲愤诗》，痛斥董卓和他的部下西凉兵们的野蛮行为：

汉季失权柄，董卓乱天常。志欲图篡弑，先害诸贤良。
逼迫迁旧邦，拥主以自强。海内兴义师，欲共讨不祥。卓众
来东下，金甲耀日光。平土人脆弱，来兵皆胡羌。猎野围城
邑，所向悉破亡。斩截无孑遗，尸骸相撑拒。马边悬男头，

马后载妇女。长驱西入关，回路险且阻。还顾邈冥冥，肝脾
为烂腐。所略有万计，不得令屯聚。或有骨肉俱，欲言不敢
语。失意几微间，辄言毙降虏。要当以亭刃，我曹不活汝。
岂复惜性命，不堪其詈骂。或便加棰杖，毒痛参并下。旦则
号泣行，夜则悲吟坐。欲死不能得，欲生无一可。彼苍者何
辜，乃遭此厄祸。

正所谓"多行不义必自毙"，越骑校尉汝南伍孚痛恨董卓凶残
毒辣，在觐见董卓时，朝服内暗藏利刃，但是在刺杀时一击未中，
反被董卓侍卫杀死。不久，司徒王允、仆射孙瑞与吕布等人也密
谋诛杀董卓。

吕布是五原郡九原（今内蒙古包头西）人，原为并州刺史丁
原手下的骑都尉，深受丁原重用。丁原与何进谋划诛杀宦官后，
被任命为执金吾。未料事败，让董卓乘机入京师。而董卓欲吞并
丁原的兵众时，就诱使吕布杀掉丁原。吕布见利忘义，遵从了董
卓的意愿，杀了丁原，做了董卓的义子，被授中郎将，封都亭侯。
吕布骁武善战，精于骑射，又膂力过人，所以有吕布在，董卓就
觉得很有安全感，便让他成为近身侍卫，保护自己。但是董卓性
情暴烈，稍有不满便拔手戟扔向吕布，吕布对此心里非常不爽又
不敢言。另外，吕布又因与董卓的侍婢私通，总是担心被董卓发
现。司徒王允本是董卓最信任的重臣，但是王允对董卓却并非死
心踏心地追随。王允与吕布是老乡，又常常厚待吕布，因此对于

吕布与董卓之间的嫌隙很是了解，于是挑唆吕布去杀董卓，吕布又被说服了。

初平三年（192）四月，汉献帝病刚好，在未央殿召见群臣，吕布伺机杀了董卓。董卓被杀后，长安人相互庆祝，董氏三族被灭，与董卓相关联的人或入牢或被处死。当时，蔡邕听闻董卓被杀，在王允坐前透露出"叹惜之音"，被王允视为董卓同党而捕杀。

铲除董卓后，吕布因功得势，做了奋武将军，被授予符节，仪仗与三公相同，晋封为温侯，与王允一起执掌朝政。但是，吕布很快就发现，这份荣耀来得快，去得也快。

煮豆持作羹，漉菽以为汁。

其在釜下燃，豆在釜中泣。

本是同根生，相煎何太急。

——〔三国〕曹植《七步诗》

乱世出曹操

董卓死后，王允与吕布志得意满，共同主持朝政。但是，好日子没过多久就到了尽头。当时，董卓屯驻陕县（今河南三门峡市陕州区）的旧部李傕和郭汜等人请求朝廷大赦放过自己，表示愿意归顺朝廷，却被王允拒绝。李傕和郭汜的军中校尉贾诩建议起兵，不要束手就擒。于是，李傕和郭汜"相率而西，以攻长安，为董公报仇"。他们的想法很简单，举事成功就可以"奉国家以正天下"，事不成就解散军队回乡归田。

初平三年（192）五月，李傕、郭汜率数千人西进长安，一路招兵买马，临近长安时，已经拥兵 10 余万人，并与董卓故部樊稠、李蒙等人合围长安。就在这时，长安城内吕布的军中也发生叛变，叟兵（蜀兵）引领李傕兵进入长安，与吕布交战。吕布战败，逃出长安奔向关东，王允被杀。东汉朝政又落入两个小军阀李傕、郭汜手中。

这两人一步登天，又各自图利。没多久，李傕、郭汜反目成仇。兴平二年（195）年初，双方为争夺汉献帝，兵戎相见，纵兵抄掠宫廷，劫取御府乘舆、车服等器物，放火焚烧宫殿、官府、民房。数月里，死有万余人。最终，杨奉、董承等击败李傕，掠夺汉献帝回返洛阳。几年来，这位天子就如同一粒政治砝码，被争来夺去。在汉献帝逃过黄河时，随行者只剩下皇后、杨彪等数十人。到大阳（今山西平陆西南）时，河内太守张杨派数千人背负粮米前来进献。至安邑（今山西夏县西北）时，河东太守王邑奉献锦帛。汉献帝拜张杨为安国将军，胡才为征东将军，封王邑为列侯。

建安元年（196）正月，汉献帝在杨奉、韩暹等人"护送"下，终于回到洛阳。此时的洛阳城已成废墟，汉献帝居新修的南宫杨安殿，百官却无住处可去，只能"披荆棘，依墙壁间"。中央朝廷的权威早已荡然无存，无人贡奉东汉朝廷。在洛阳粮荒时，群臣饥乏致饿死，处境甚是狼狈。而群龙无首的各州郡官员们，正全身心地投入军阀混战中，待异军突起时。

当时，割据各地的情况大致为：袁绍据冀州，曹操据兖州，刘表据荆州，公孙瓒据幽州，袁术据淮南，孙坚据豫州，陶谦据徐州。

其中，实力较强的是袁绍。当时，冀州较其他诸州无论人口还是粮食，都相对富足，号称"带甲百万，谷支十年"。袁绍被推举为起义军首领后，四方豪强都来追随，势力日渐强大。但是，袁绍并没有将兵力用于攻打董卓，而是将打击目标锁定在幽州的公孙瓒身上。

公孙瓒同为镇压黄巾军的朝廷功臣，无论军事实力和地位都不输袁绍，因此，争夺袁绍的冀州，也是公孙瓒的目标。双方于初平三年（192）起，相互讨伐，始终不分胜负。

兴平二年（195），谋士沮授劝袁绍迎接汉献帝，并迁都邺城，通过"挟天子以令诸侯"，取得政治上的优势地位。另一位谋士郭图、大将淳于琼则不同意，认为皇帝在身边，行动受限制。袁绍接受了郭图的看法，未迎纳献帝。

袁绍没想到，他的这一决定，给了曹操机会。

曹操（155—220），字孟德，豫州沛国谯县（今安徽亳州）人，出生于官宦之家，祖父曹腾是大宦官，曾做中常侍、大长秋，封费亭侯。父亲曹嵩历任司隶校尉、鸿胪卿、大司农，位高权重。曹操自幼机警聪慧，且文韬武略功底扎实。20岁时，被州郡举荐，以孝廉推举为郎踏上仕途之路。汉灵帝末年，曹操升任为典军校尉，作为汉灵帝的亲信掌管近卫禁军。曹操的仕途之路不算平坦，却一直期待有所作为。董卓专权后，曹操不满其所作所为，于是"变易姓名，间行东归"，逃离洛阳。

初平二年（191），曹操率兵攻打董卓，兵败荥阳，退至关东军与董卓部队对峙的前线，直接投靠袁绍，没再找张邈。这时，于毒、白绕、眭固率领的起义军在黑山（今河南安阳以西）起兵，十余万人攻入东郡（今河南濮阳），东郡太守王肱不敌起义军，袁绍就派曹操前去增援。曹操打败了黑山起义军白绕部，被袁绍任命为东郡太守。曹操以东武阳为郡城（今山东莘县南），有了自己的地盘。

次年春，曹操又先后击败了黑山起义军的于毒、眭固部。随后，又马不停蹄奔赴兖州，征讨号称百万兵力的青州黄巾军，并大获全胜，被推举为兖州牧。在屡次"讨贼"成功之后，曹操的军事实力暴增。仅征讨黄巾军这场战役之后，曹操就收其30余万精锐降兵为其所用，在军阀割据混战阵容中，曹操成为后起劲敌。

初平四年（193），曹操打着为父亲报仇的名义，大举进攻徐州，连下十几个县城。曹操"所过多所杀戮"，每攻陷一城，都会"杀男女数十万人，鸡犬无余，泗水为之不流"。在曹操疯狂杀戮之时，兴平元年（194）二月，后方兖州发生兵变。部将陈宫与张邈内外合谋反曹操，拥立屯兵在河内的吕布为兖州牧。曹操闻讯火速回师，才发现，只有鄄城、范县、东阿三地在荀彧、程昱、夏侯惇、枣祗的力保之下，尚未沦陷，其他郡县都归附了吕布。

曹操不得不重整旗鼓，与吕布拼抢地盘，双方战于濮阳。时逢蝗虫起，粮荒至百姓大饥，双方都缺粮。在相持百余日之后，战事暂时告一段落。吕布撤到山阳，曹操退回鄄城。袁绍趁机派人劝说曹操归附自己，曹操没答应。次年，曹操再战吕布，吕布兵败逃至徐州，此时，徐州牧陶谦已死，刘备接手了徐州。曹操再度收复兖州全部郡县，是年冬，东汉朝廷正式任命曹操为兖州牧。

建安元年（196），曹操开始四处扩张，率部西进，攻陷豫州，占领陈国，又相继击破颍川、汝南一带的黄巾军，驻兵许县（今河南许昌建安区）。这时，曹操得知汉献帝回到洛阳，于是派遣大将曹洪到洛阳去迎接献帝，被朝臣董承拒绝，未能如愿。不久，朝臣杨奉、韩暹、董承等人不和。朝官议郎董昭一直心向曹操，认为曹操是天下英雄。于是，假借曹操之名写信给杨奉，声称愿意成为杨奉的外援，强调"杨奉有兵，曹操有粮"，正好互通有无。在杨奉、韩暹、董承三人之中，杨奉的确兵马最强，只缺外援，在看了"曹操"的信之后，杨奉大喜，立即指示手下诸将共同上表皇帝，请封曹操为镇东将军、袭父爵费亭侯，并暗中召曹操入朝，以制衡韩暹等人。

　　八月，曹操带兵进入洛阳，朝见汉献帝。汉献帝提升曹操为领司隶校尉、录尚书事、假节钺，执朝政。曹操入朝的目的就是控制汉献帝，进而控制全局。为此，曹操以洛阳残存，自己一时无力控制邻近诸军为由，将汉献帝移至许县，首都也迁至此地。

　　同年，改兴平三年为建安元年，皇宫宿卫士都是曹操的亲信，谋士荀彧被提升为侍中、守尚书令。曹操出征时，荀彧总理朝政。

　　由于战乱、灾荒，劳动者日渐减少，土地多被荒芜，东汉的农业经济处于崩溃边缘。曹操在平定汝南、颍川黄巾农民军后，就有"急农"与"屯田"的愿望。迁都许县后，曹操接受枣祗、韩浩的建议，在许县开始实行屯田，当年就"得谷百万斛"。此后，曹操扩大推行屯田的范围，"数年中所在积粟，仓廪皆满"，为曹操日后扫灭群雄，提供了重要的经济保障。

建安元年（196）十一月，曹操自任司空，行使车骑将军大权，开始专断朝政，并以皇帝的名义发号施令，讨伐异己。两年间，曹操先收归袁术淮河以北的势力，逼迫早早就自称天子的袁术不得不向淮南逃去。接着，曹操决泗水、沂水灌城，俘获了吕布。

此时的东汉王朝，仿佛时光倒流，回到了四百年前群龙无首的混乱世界，割据四方的将领们也如同奔腾的赛马，无须被谁鞭策，都在为争战出个结果而奋力驰行。

滚滚长江东逝水，浪花淘尽英雄。

是非成败转头空。

青山依旧在，几度夕阳红。

白发渔樵江渚上，惯看秋月春风。

一壶浊酒喜相逢。

古今多少事，都付笑谈中。

——〔明〕杨慎《临江仙·滚滚长江东逝水》

东汉灭亡

　　曹操图谋天下时，袁绍也在尽全力去吞并公孙瓒。建安四年（199）春，历经八年的苦战，袁绍终于攻克了公孙瓒的易京（今河北雄县西北）堡垒，公孙瓒杀了妻、子，然后引火自焚。袁绍至此兼并冀州、青州、幽州、并州等地，其军事实力已无人能敌。同年，曹操大破张绣、刘表联军，将关西军阀势力收并旗下，解除了西南方向对许都的威胁。

　　就在袁绍、曹操各自埋头发展之时，18 岁的汉献帝刘协，也决定为东汉刘氏皇权放手一搏。建安四年（199），献帝下密诏，策划杀掉曹操。车骑将军董承受诏，与左将军刘备、偏将军王服、长水校尉种辑、将军吴子兰等人密谋。未料，第二年正月，密谋败露，曹操将董承等人三族诛杀。董承的女儿董贵人时有身孕，也被杀。事后，曹操加强了对献帝的控制，献帝的日子过得越发难堪。

但是，参与谋杀的刘备却逃过了一劫。事情败露之前，曹操派刘备率军去阻击袁术。刘备出朝后，乘机占据徐州并公开与曹操为敌。曹操也没给刘备喘息之机，派出主力军攻破徐州，刘备只好投靠了袁绍。

曹操攻打刘备之时，袁绍的谋士田丰建议其乘机袭击许都。袁绍却以幼子生病为由不肯出击，田丰急得用手杖击地说："遭难遇之机，而以婴儿之病失其会，惜哉！"当时，曹操不是没想到后方安全问题，诸将也曾担心袁绍会乘虚而入。曹操说："刘备，人杰也，今不击，必为后患。袁绍虽有大志，而见事迟，必不动也。"果然，还是曹操了解袁绍。

曹操击败刘备回军官渡，建安五年（200），袁绍向各州郡发布了讨伐曹操的檄文。二月，袁绍亲自率领大军由邺城南下，进驻黎阳。在做此决定前，田丰重申沮授曾提出的建议，说："操善用兵，变化无方，众虽少，未可轻也，今不如久持之。将军据山河之固，拥四州之众，外结英雄，内修农战，然后简其精锐，分为奇兵，乘虚迭出，以扰河南，救右则击其左，救左则击其右，使敌疲于奔命，人不得安业；我未劳而彼已困，不及三年，可坐克也。"袁绍听了很生气，认为自己兵多粮足，怎会不敌曹操?!不仅未采纳田丰的建议，还以"沮众"为由将田丰囚禁。同时，将沮授统领的军队分为三部分，两部分划归给郭图、淳于琼统领。

双方开战后，半年多的时间里，谁都没能取得决定性的胜利。在战事处于胶着状态时，袁绍的谋士许攸因家人犯法被拘而不满，投靠曹操。当时的战役中，双方都有一个共同点，就是各自都远离后方，都面临着粮食运输问题。为此，许攸建议曹操偷袭袁绍的粮草重地，火攻乌巢。曹操果断地采纳了建议，亲率步骑五千，夜袭乌巢，斩袁将领淳于琼，烧掉袁军万余辆粮车。

消息传到袁军所在地官渡，袁军顿时人心涣散，都对袁绍失去了信心，众将领、士卒或投靠曹操或逃命而去。袁绍见势不妙，便和儿子袁谭率领仅存的 800 骑兵渡过黄河，逃回冀州。

这就是历史上著名的，以少胜多、以弱胜强的"官渡之战"。此后，曹操用了四年的时间，先后攻取冀、青、幽、并四州，将袁绍多年的经营收归囊中。

在东汉军阀混战之时，居住在辽西（今辽宁义县）、辽东（今辽宁辽阳）、右北平（今河北丰润东南）一带的三郡乌桓也借机强盛起来，不断扰汉边，掠去汉民十余万户，对中原形成巨大威胁。因此，曹操决定北征乌桓，统一北方。

建安十二年（207）八月，曹操以张辽为先锋进攻柳城（今辽宁朝阳南），击败实力最强的辽西单于蹋顿，这一战，"胡、汉降者二十余万口"。随后，辽东的公孙康和关西的马腾、韩遂表示臣服，其他州郡都相继归于曹操的管辖之下。

在完成北方统一的进程中，曹操没有忘记提高自身的统治地位。建安十三年（208）六月，曹操罢黜三公官职，恢复丞相、御史大夫制度，并自任丞相。

接下来，曹操剑指江南，意欲统一天下。七月，曹操率领近20万大军，号称80万南征，准备攻取荆州。荆州的刘表在八月病死，其子刘琮请降，这样，曹操轻取荆州，对江东构成大军压境之势。

曹操希望割据江东的孙权主动投降，写信劝孙权："近者奉辞伐罪，旄麾南指，刘琮束手。今治水军八十万众，方与将军会猎于吴。"孙权拒绝投降，其谋士周瑜也主战，并认为曹军不习水战，难以持久，远离后方补给困难，曹军不服南方水土，久必致病。孙权因为没有获胜的把握，决定联合刘备共同迎战曹操。

刘备是汉景帝之子刘胜的后裔，少时家贫，15岁时外出求学，师从大儒卢植。刘备是靠镇压黄巾军起义而起家，因为镇压义军有功而成名。但是，在军阀混战中，刘备始终未能拔得头筹，一直在东奔西跑四处投靠中，也没有一支稳定的作战团队。

官渡之战袁绍兵败，刘备又逃到荆州归附刘表。在荆州，刘备被派去屯驻新野。这时，刘备开始反思、总结自己屡遭挫败的原因，意识到识人善用的重要性。经过近十年的努力，刘备身边不仅一直聚拢着关羽、张飞等悍将，还得到了足智多谋的诸葛亮的协助。在曹操进军荆州时，刘琮投降，但是刘备不愿归附曹操，被曹军追击。刘备大军刚刚逃过汉水就收到孙权的邀战消息。只是，刘备兵马只剩下关羽水军、刘琦江夏军，总计约2万人。刘备派出诸葛亮去见孙权面谈。

在会谈中，主战派诸葛亮担心孙权嫌弃刘备兵少，而动摇联合抗击曹操的决心，在分析敌我情况时，诸葛亮强调："今战士还者及关羽水军精甲万人，刘琦合江夏战士亦不下万人，曹操之众，远来疲敝，闻追豫州，轻骑一日一夜行三百余里，此所谓'强弩之末，势不能穿鲁缟'者也。故兵法忌之，曰：'必蹶上将军'。且北方之人，不习水战……今将军诚能命猛将统兵数万，与豫州协规同力，破操军必矣……成败之机，在于今日。"诸葛亮的话坚定了孙权与刘备联手抗曹操的决心。

随即，周瑜、程普、鲁肃等率领水军三万，溯江而上，联合刘备军共同迎战曹操。双方会战于赤壁（今湖北蒲圻西），即将交锋，彼时，孙刘联军发现曹军果然既不习水性，也不适应在摇晃的船上作战。加之，曹操军内已经开始流行疾疫，战斗力大大削弱。这时，周瑜采纳了部将黄盖的建议，火攻曹军。结果，孙刘联军大败曹军。

赤壁之战，同样是一场以少胜多、以弱胜强的著名战役。只是这一战，以曹军死亡大半、曹操率残部逃走而结束。赤壁之战也击碎了曹操平定江南的梦想。此后，曹操虽然又数次出军江南，但是都无法攻破孙权、刘备联军的抵抗。

武攻不成，就政治统一，东汉残存的政权对曹操来说尚有利用价值。建安十六年（211）正月，在曹操的安排下，汉献帝下诏任命曹操的儿子曹丕为五官中郎将并副丞相，为子承父业做好铺垫。同时，曹操以"莫须有"的罪名铲除异己，只要是德高望重、才华外露的、让曹操稍感可疑的朝臣，都先后被杀害。建安十八年（213）五月，曹操自立为魏公，汉献帝加封曹操"九锡"。上一位被加"九锡"的是王莽，也许考虑那就是前车之鉴，所以，荀彧劝曹操，不要野心太大，结果被曹操逼迫自尽。此后，崔琰、杨修等人也被曹操置于死地。建安二十年（215），曹操将自己的女儿立为汉献帝刘协的皇后。第二年，曹操自晋爵号为魏王，进一步表明取代东汉的决心。

曹操在政权上步步为营，刘备和孙权的事业也扎实稳妥地向前推进。建安二十四年（219），刘备夺取汉中割据西蜀，孙权则坐稳江南，曹操依然控制着长江之北。至此，中国历史上三国鼎立的格局形成。

有道是"江山不管兴亡事，一任斜阳伴客愁"。

延康元年（220）正月，曹操病死，其子曹丕继任魏王。十月，曹丕逼迫汉献帝刘协禅让帝位，自为天子，建立了魏政权。自此，走过了195年，历经12帝的东汉王朝，黯然谢幕。